G U I D E

L'ECOLE DE
NANCY

CHRISTIAN DEBIZE

GUIDE

L'ECOLE DE
NANCY

Isabella Don Tse
Jan 1992
Paris
Musée Décoratif

PRESSES UNIVERSITAIRES DE NANCY
EDITIONS SERPENOISE

Du même auteur :

Photographes et photographie d'art à Nancy au XIXe siècle, Nancy, 1983.

Autochromie - 80e anniversaire, Paris, 1984 *(collectif)*.

Jules-Bastien Lepage (1848-1884), Editions des musées de la Meuse, 1986.

Art Nouveau - L'Ecole de Nancy, Denoël-Serpenoise, 1987 *(collectif)*.

Meuse - Portrait en douze jours, 1989.

Plans du Musée de l'Ecole de Nancy et dessins : Céline MARKOVIC
Maquette de couverture et du Guide de A à Z : Michel LUKETIC

DEBIZE, Christian. — Guide de l'Ecole de Nancy / Christian Debize. — Nancy : Presses universitaires de Nancy ; Metz : Ed. Serpenoise, 1989. — 160 p. : ill. en noir et en coul., couv. ill. en coul. ; 21 cm.

I.S.B.N. : 2-86480-373-9 (P.U.N.)
I.S.B.N. : 2-87692-031-X (Serpenoise)

SOMMAIRE

L'HISTOIRE DE L'ÉCOLE DE NANCY   7

Nancy capitale ?   7
Emile Gallé, l'humaniste, l'homo triplex   10
Réanimer la création   16
La naissance de l'alliance   21
Rendez-vous à Turin, Paris... et Nancy   26
Victor, Louis, Antonin et les autres   29
1909, la dernière fête   34
Créer malgré tout   37

TOUTE L'ÉCOLE DE NANCY   43

Repères chronologiques   43
Pour en savoir plus...   46
Acteurs et artistes de l'Ecole de Nancy   47
Petit glossaire du verrier   60

LES COLLECTIONS   63

Nancy   63
Lorraine   87
Paris   93
Gallé dans les musées de province   104

À LA DÉCOUVERTE DE L'ARCHITECTURE   107

Promenades architecturales   108
Guide de A à Z   118
Témoins disparus   150
Les adresses utiles   154
Index   157

Abréviations : M.E.N. Musée de l'Ecole de Nancy.
C.P. Collection particulière.

L'HISTOIRE DE L'ÉCOLE DE NANCY

Victor Prouvé : portrait d'Emile Gallé, 1892 (détail). M.E.N.

Ce que certains Nancéiens baptisèrent dans les années 20 « guimauve » et « style branche de persil » fait aujourd'hui les beaux jours des salles des ventes du monde entier. Quant au seul nom d'Emile Gallé, il incarne pour la majorité une époque communément appelée « 1900 ». Etrange destin donc, que celui d'un art nouveau ignoré et dénigré pendant plus d'un demi-siècle. En 1964, à propos de l'inauguration du musée de l'Ecole de Nancy, des journaux parisiens n'évoquent-ils pas la résurrection d'un « art de cauchemar » ! Le développement de l'analyse historique, l'évolution du goût, les succès du marché de l'art n'autorisent plus, de nos jours, pareil jugement à l'emporte-pièce.

Mais si Gallé est désormais bien connu, l'Ecole de Nancy fait l'objet, depuis peu, d'une totale redécouverte. Il faut convenir que le terme d'Ecole lui sied mal. En fait, ce mouvement pourrait être comparé à un frêle ruban qui permettrait de réunir en un seul bouquet toute une série de fleurs très distinctes. Si le lien est officiellement créé en 1901, les relations d'amitié et de travail existent depuis près d'une décennie, pour le moins, féconde. A une Ecole qui n'a pas vraiment fait école, préférons le mot « Alliance », terme utilisé par les fondateurs et porteur d'une véritable espérance.

NANCY CAPITALE ?

Sous le Second Empire, Nancy se présente comme une ville moyenne dont le développement n'est pas à la hauteur de ses ambitions. La publication, en 1865, d'un projet de décentralisation administrative, politique et culturelle est le signe, à la fois, de la maturité de certaines de ses élites et de l'existence d'un lotharingisme actif. L'année suivante, c'est l'unité nationale qui se trouve réaffirmée lors des fêtes commémorant le premier centenaire du rattachement de la Lorraine à la France (1766). Ces deux événements, ainsi mis en balance, rejoignent l'une des préoccupations majeures de l'Ecole de Nancy à la fin du siècle : favoriser le plus possible le foyer de création régional, tout en restant en contact étroit avec la scène nationale et internationale, tout particulièrement avec la vitrine parisienne. Emile Gallé, dont les œuvres présentées à l'Exposition Universelle de 1889 s'affirment clairement « de Nancy » par leur signature, exprime le mieux cette recherche permanente d'équilibre entre province et capitale.

Emile Gallé : détail d'un plateau de table marqueté. 1896. M.E.N.

C'est une circonstance exceptionnelle — un véritable coup du destin — qui va faire la fortune de Nancy. Si la guerre de 1870 plonge la France dans la défaite, lui enlève l'Alsace, les cinq sixièmes du département de la Moselle et un tiers de celui de la Meurthe, le traité de Francfort (1871) place brutalement la ville à trente kilomètres de la nouvelle frontière. Seule capable de fixer les regards à l'est, elle se trouve promue au rang de capitale et accueille de nombreux Alsaciens-Lorrains ayant opté pour la France. Patriotes et républicains, les nouveaux arrivants disposent de capitaux, de savoir-faire et, quels que soient leurs moyens et la couche sociale à laquelle ils appartiennent, ils se caractérisent par leur volonté d'entreprendre. A une concentration militaire bientôt impressionnante, à la constitution d'un important bassin sidérurgique, ils ajoutent le dynamisme de nombre de secteurs d'activité et si personne n'évoque ouvertement la nécessité de « gagner un Sedan artistique », c'est tout un front industriel, commercial, financier et intellectuel qui se constitue. Pourtant cette croissance porte sa propre ambiguïté. Profitant d'une situation réellement inédite, Nancy se trouve à la merci d'une autre convulsion de l'histoire. Au-delà de la menace prussienne, puis allemande, ce sont les conséquences de la revanche souhaitée qui inquiètent : la victoire de 1918 ne peut qu'annoncer le retour à une existence ordinaire même si les avantages acquis pendant près d'un demi-siècle lui sont confirmés. Par ailleurs, le développement de la cité, aussi spectaculaire fût-il, s'inscrit dans

Jacques Gruber : verrière « La sidérurgie ». 1909. Chambre de Commerce et d'Industrie, 40, rue Henri-Poincaré, Nancy.

un cadre qui reste provincial. De 50 000 habitants en 1866, la population atteint, en 1913, le chiffre de 120 000, soit 140 % d'augmentation, beaucoup plus que la moyenne française, ce qui n'est pas sans provoquer crise du logement, spéculation foncière et immobilière avec, en corollaire, une urbanisation mal contrôlée. Mais que sont ces chiffres en rapport de ceux des autres centres de l'art nouveau en Europe : Barcelone, Bruxelles, Munich qui comptent chacune un demi-million d'habitants au début du siècle, Vienne 1,7 million en 1900, Paris, 2,8 millions en 1911. Nancy est la modeste capitale d'une région mutilée. Si elle peut porter sur les fonts baptismaux un mouvement d'art décoratif moderne, a-t-elle réellement les ressources pour l'enrichir, assurer sa crois-

sance ? Etourdis par la prospérité, certains artisans le croient, mais l'absence de mécènes importants révèle davantage que, malgré le développement de l'université, le progrès économique précède l'émancipation culturelle. C'est à Paris que Gallé, Majorelle, Daum puis Gauthier, Gruber et même Vallin trouvent leurs meilleurs clients, diffusent le plus largement leurs produits. C'est à Paris, également, qu'ils affrontent avec profit le regard des autres, qu'ils recueillent critiques et louanges, en résumé qu'ils pénètrent dans le cercle fermé de l'art vivant et se frottent à la création d'avant-garde. Comme un mal nécessaire, cette confrontation maintient en éveil, rend solidaires les talents, affirme l'existence de la capitale de la France de l'est, celle qui accueille les pièces de l'écrivain norvégien Ibsen, mais sacrifie plus volontiers à la décentralisation littéraire revendiquée par le poète René d'Avril. La démonstration est faite une première fois par Hippolyte Bernheim, un professeur de médecine, installé à Strasbourg avant 1870, qui approfondit les recherches du docteur Liébault et devient chef de file de l'Ecole hypnologique de Nancy. Cette expression naît de la controverse qui l'oppose au très parisien Jean Martin Charcot, le maître de l'hôpital de la Salpêtrière, que ses leçons sur l'hystérie ont rendu célèbre. Dans son ouvrage *De la suggestion dans l'état hypnotique et dans l'état de veille* (1884), Bernheim ouvre une nouvelle voie d'approche à la connaissance de l'homme et de ses maladies qui décide le jeune Sigmund Freud à entreprendre le voyage nancéien (1889). Très admiratif, celui-ci fait traduire le livre en allemand et en rédige lui-même la préface. Ainsi, face aux théories parisiennes s'impose l'identité d'une doctrine scientifique, née en province, mais cette Ecole de Nancy n'empêche pas son initiateur, trop isolé après la mort de Charcot (1893), de tomber peu à peu dans l'oubli. Lorsqu'en 1901, Gallé codifie, sans risque de confusion, l'expression *Ecole de Nancy, Alliance provinciale des Industries d'Art*, on peut raisonnablement se demander s'il ne tire pas leçon de cette expérience : un parcours solitaire reste toujours fragile et il n'est de capitale à l'est qu'après la reconnaissance parisienne.

ÉMILE GALLÉ, L'HUMANISTE, L'HOMO TRIPLEX

Un environnement favorable ne suffit pas à l'éclosion d'un mouvement moderne ; encore faut-il y reconnaître la présence d'un héros, un conducteur d'hommes et d'idées capable de susciter avec dynamisme, convictions, connaissances et créations. Le domaine de la peinture profite de l'expérience d'un artiste de qualité, l'industriel Charles de Meixmoron, une sorte d'aventurier tranquille qui tente à plusieurs reprises de conduire les Nancéiens sur le chemin de la sensation impressionniste. Les arts décoratifs possèdent aussi leur Janus en la personne d'Emile Gallé, l'industriel et le poète. Cette étonnante et rare connexion prédispose à un parcours pour le moins original : logique et positif, quand il s'agit d'assurer le développement de l'entreprise, plus subtil et mystérieux, dès qu'on aborde les inquiétudes quasi spirituelles de l'artiste. La critique contemporaine ne s'y trompe pas, lorsqu'elle évoque Gallé comme une planète spécifique, très détachée de la nébuleuse artistique nancéienne.

La sensibilité d'une culture essentiellement littéraire, le questionnement permanent de la nature, enfin la capacité à progresser, qu'il s'agisse de promouvoir ses propres affaires ou de mettre en œuvre un idéal social caractérisent la démarche de toute une existence.

Baudelaire définit une personnalité éclectique comme « un navire qui voudrait marcher avec quatre vents », une image pittoresque qui laisse à penser qu'avec Gallé on se trouve en présence d'un capitaine exceptionnel... En effet, si l'éclectisme constitue le fondement même de sa culture, le Nancéien ne se laisse jamais dominer par ses sources, aussi diverses qu'elles soient. Les motifs héraldiques, les semis floraux, néo XVIIIᵉ siècle, des faïences vendues dans le magasin paternel de la rue Saint-Dizier ne sont ni rejetés ni recopiés, mais deviennent des références utilisables dès qu'on les enrichit par une lecture personnelle. Il n'y a pas de renoncement aux traditions locales, mais volonté de les actualiser en fonction de préoccupations plus contemporaines. Ainsi, les conséquences de l'annexion sont largement évoquées dans le verre et la céramique (assiette « Ce name po tojo ») tandis que la table de musée, *Le Rhin*, présentée à l'Exposition Universelle de 1889 inscrit sur la frise marquetée cette citation de Tacite : « Le Rhin sépare des Gaules toute la Germanie ». Jeanne d'Arc, les ducs de Lorraine, les Gobbi de Jacques Callot et quantité d'autres personnages, célèbres ou méconnus, hommes et femmes forment un véritable panthéon de la figure humaine. Il faut y ajouter tout ce qu'une culture ouverte peut offrir : depuis les variations sur des thèmes bien connus de l'Anti-

Emile Gallé : table de musée ; « Le Rhin », détail de la frise marquetée. 1889. M.E.N.

quité et de la mythologie (Orphée et Eurydice, Hector et Andromaque...) jusqu'à l'illustration de sujets très populaires (Pierrot et Colombine...). Si le temps présent et local se trouve clairement affirmé, il interfère souvent avec les exotismes, d'abord le Proche et le Moyen-Orient, dont les miniatures persanes, les caractères coufiques, les carreaux vernissés des Arabes et les représentations des divins oiseaux d'Egypte trouvent écho dans nombre de verre-

Emile Gallé : vase aux hirondelles, verre émaillé et doré. M.E.N.

ries et de céramiques. La découverte de l'art japonais, dès l'Exposition Universelle de 1867, provoque un bouleversement encore plus radical. Gallé va lui emprunter différents procédés : effets de glaçure, recours à des résilles géométriques, découpage de l'image, mais s'il n'interprète guère ses sources à ses débuts, il ne tarde pas à marier les motifs asymétriques de plantes et d'animaux japonais avec les fruits de l'héritage occidental. L'art chinois dont, à l'époque, on distingue encore mal le caractère profondément original, est également connu de Gallé, lequel apprécie, en particulier, les multiples raffinements des réalisations en pierre dure. Son goût de la recherche et sa perception, à la fois poétique et symboliste de l'objet, ne peuvent se satisfaire d'une simple mise sous influence ; aussi lorsque le Nancéien affirme bientôt vouloir ne plus boire que « dans son verre seulement » révèle-t-il ses véritables ambitions ! Les sources exotiques ont été observées, adaptées puis intégrées dans la perspective d'un renouvellement nécessaire et profond. Tandis que, vers 1890, des créateurs moins imaginatifs s'attardent dans un japonisme désormais désuet de la même façon que, quinze ans plus tard, ils pratiqueront la compilation de motifs végétaux supposés art nouveau, la voie apparaît libre, hors des sentiers battus, pour un talent original. Il n'y a donc ni retour en arrière, ni brutale illumination, mais glissement en douceur au sein d'une confluence culturelle jusqu'à la ligne fluide et moderne. L'acuité d'un tel regard s'exprime par le rôle nouveau échu aux maximes, devises, sentences et citations littéraires qui s'étirent sur le support en bois et en verre. Cette pratique critiquée dès le début des années 1890 comme naïve, simpliste et redondante révèle le souci constant de Gallé de dépasser la réalité, de métamorphoser ses modèles dans l'intimité de sa pensée. L'inscription n'est donc pas seulement une signature, ni même un élément graphique qui finit la composition et enrichit le support, elle établit de subtiles correspondances entre le créateur et le possesseur de l'objet. C'est là un art qui invite à la méditation et qui, comme chez les plus grands créateurs, se nourrit de questions plus qu'il n'apporte de réponses.

Au cœur de cette interrogation se trouve la nature. Y puiser force et inspiration semble aussi inné que la simple action de respirer. Dès son enfance, Gallé herborise sur le plateau de Malzéville à l'ombre du grand Godron, le savant botaniste du Jardin des Plantes. Pendant les vacances, il parcourt la région de Colmar ; il excursionne aussi dans les Vosges et étudie les versants méridionaux des Alpes. Mais surtout, il aménage, après 1873, le parc du « petit château » familial, 2, avenue de la Garenne à Nancy et crée un espace magnifique, régulièrement renouvelé, où lui-même pratique l'hybridation. S'il a acquis la compétence de l'horticulteur dans l'attention qu'il porte aux plantes, celle du scientifique dès qu'il analyse la structure même de l'organisme végétal, celle enfin du fabricant lorsqu'il en tire des principes d'harmonie applicables à l'art décoratif, Gallé sait d'abord s'émerveiller

Emile Gallé : vase en cristal « La Berce des prés » ou « L'Angélique » (détail), 1900. M.E.N.

au spectacle de la nature. Le passé minéralogique de la terre, la petite faune des étangs, une corolle de velours qu'anime un filament de lumière, la souplesse d'une tige flexible deviennent les images d'une mémoire sensible que l'artiste va transfigurer. En cela, il est aussi réaliste de le considérer sous l'angle de la personnalité fiévreuse et quasi romantique portraiturée par Victor Prouvé en 1892 que de l'imaginer dans le costume de récipiendaire à l'Académie de Stanislas, évoquant, lors de son discours de réception intitulé « Le décor symbolique », la nature comme seule alternative à la renaissance de l'art décoratif moderne. D'ailleurs, c'est lors de cette manifestation (1900), qu'il déclare avoir appris à lire dans les *Etoiles* et les *Fleurs animées* de Grandville, une confidence qui souligne une disposition d'esprit pour le moins individualiste parmi les Nancéiens. Cet élan vers la nature ne connaît ni faiblesse, ni arrêt parce que Gallé peut fabriquer ce que son

esprit a imaginé. L'atout est réellement considérable ; il suffit de penser aux difficultés que rencontre un artiste pour éprouver la valeur de son inspiration. Créer et fabriquer offrent donc des opportunités, mais l'enjeu économique n'est pas sans danger.

A la fin du Second Empire, son père, Charles Gallé est millionnaire, ce qui constitue un encouragement et un exemple pour un jeune héritier. Emile qui participe dès 1867 à l'entreprise familiale en créant quelques modèles, accompagne son père à la faïencerie de Saint-Clément, près de Lunéville, ainsi qu'à la verrerie de Meisenthal, au sud-est de Sarreguemines, tous deux fournisseurs du magasin de porcelaines et de cristaux. Le rôle de direction artistique lui est déjà dévolu à l'Exposition Internationale de Londres en 1871, et l'année suivante, la production familiale remporte une médaille d'or à l'Exposition Universelle et internationale de Lyon. Au moment de la passation des pouvoirs, en 1877, le potentiel de production se trouve dispersé en trois endroits distincts. Les modèles sont créés à Nancy sous la direction de Gallé et en collaboration avec des dessinateurs, dont le plus talentueux est sans conteste le messin Louis Hestaux. Ceux destinés à la faïence sont envoyés à Saint-Clément jusqu'en 1876, année au cours de laquelle le four principal de Gallé devient la faïencerie d'Adelphe Muller à Raon-l'Etape. Si la faïence constitue le premier apprentissage technique de Gallé, elle se marginalise petit à petit, ne jouissant plus, vers 1890, des faveurs du public. Ainsi, pour des raisons économiques et un peu malgré lui, il abandonne son activité de céramiste, tandis qu'en 1898 Adelphe Muller se retire des affaires. Le verre, quant à lui, fait l'objet d'expériences fécondes dans la verrerie Burgun-Schwerer à Meisenthal, dont l'atelier de décor propre à Gallé est dirigé par le peintre Désiré Christian, puis secondairement par son fils. Bien que cet établissement maintienne une présence française en territoire annexé, les multiples obligations de la vie nancéienne, les voyages à Paris et les incessants va-et-vient entre les divers lieux de production incitent Gallé à un regroupement progressif de ses activités. En 1885, un four et un nouvel atelier de décor pour la céramique sont aménagés, avenue de la Garenne mais surtout, le Nancéien fonde sa propre fabrique de meubles et devient par là-même manufacturier. Cette initiative peut surprendre dans la mesure où elle anticipe largement la création de la cristallerie qui n'intervient qu'en 1894. En vérité, ce choix relève d'une analyse clairvoyante, renforcée par l'évolution du marché local, les modifications des goûts et des comportements. L'essor des classes moyennes stimule une demande à laquelle il est désormais plus facile de répondre, grâce à l'apport de nouvelles essences exotiques et au développement du machinisme dans les ateliers. Associer les exigences économiques et les impératifs esthétiques du culte de la nature constitue un défi qui n'est relevé qu'en partie. Tandis que des milliers de petits meubles pyrogravés vont connaître un réel succès populaire, les pièces exceptionnelles, essen-

Emile Gallé : vitrine en noyer « Les ombelles » (détail). c.p.

tiellement présentées lors des expositions universelles provoquent une curiosité qui, avec le temps, se transforme en regard critique. Certes, son mobilier tranche radicalement sur la production des autres fabricants ; certes, on admire la beauté du matériau, la qualité de l'exécution et le savant travail de marqueterie, mais globalement le langage formel de ses meubles, l'unicité du chef-d'œuvre n'emportent plus l'adhésion. Au cours des années 1890, alors que la nature apparaît de moins en moins comme le champ d'exploration privilégié pour l'art décoratif moderne, Gallé vit par le meuble le commencement de la remise en question de sa célébrité. Il n'empêche que le principe essentiel de l'unité de l'art triomphe : le céramiste, l'ébéniste, le verrier forment les trois facettes de « l'homo triplex », selon la formule de son ami Roger Marx.

Un projet industriel aussi déterminé, de surcroît servi par une poétique inspirée, devait nécessairement porter ses fruits. C'est chose faite en 1884 lors de la VIIIᵉ exposition de l'Union Centrale des Arts Décoratifs où sa participation prend l'allure d'une révélation. L'esprit de symbiose qui caractérise ses verreries et ses céramiques, lorsqu'il lie sujets et matières, fait l'admiration des amateurs artistes, des critiques et des manufacturiers. Doublement médaillé d'or, le Nancéien vit un succès éclatant, annonciateur du triomphe de 1889. Dans le gigantesque entrepôt que représente l'Exposition Universelle, il se distingue encore avec, cette fois, ses trois productions. Alors que son kiosque est positivement ressenti comme bizarre, la critique ne cesse de répéter à propos des œuvres exposées que tout y est nouveau : inspiration, compréhension, formes, colorations... Mais si Gallé devient célèbre — Robert de Montesquiou l'introduit dans les salons élégants du faubourg Saint-Germain —, la reconnaissance de son rôle d'initiateur d'une voie moderne le condamne au progrès, à demeurer à la première place. Or ses succès attisent la concurrence des Allemands et des Américains, tandis que sur place Antonin Daum crée en 1891 la section artistique des « Verreries de Nancy ». L'inimitable Gallé doit donc se protéger des autres, et surtout grandir pour suivre son chemin. En 1894, la cristallerie démarre sa production ; l'usine est moderne au sens du XIXᵉ siècle, rationnelle, quant à la division du travail, hygiénique, dans son cadre de verdure où les plates-bandes offrent des modèles aux dessinateurs. Au dépôt parisien ouvert en 1879 et confié à Marcelin Daigueperce (puis à son fils Albert en 1896), s'ajoutent ceux de Francfort-sur-le-Main (1897) et Londres (1901). Toujours soucieux d'innover, Gallé dépose des brevets d'invention en 1898 pour « un genre de décoration et patine sur cristal et sur verre » et pour « un genre de marqueterie de verres ou cristaux » qui donnent de belles découpes colorées, franches et contrastées. Les objets d'art évoluent aussi. La diffusion de l'électricité invite à réfléchir sur les supports d'éclairage et génère par là-même un répertoire de formes nouvelles. Les processus de fabrication déterminent, d'ailleurs, trois types de productions distinctes. Dans la première, courante et quantitative, le décor végétal est souvent gravé à l'acide, selon une méthode rapide, quasi mécanique et peu coûteuse. L'inspiration naturaliste, purement anecdotique s'efface, ici, devant l'efficacité de la série industrielle. Son rôle mérite d'être souligné, puisque c'est elle qui permet de limiter le risque financier qu'imposent les recherches longues et coûteuses entreprises pour la réalisation des pièces d'art, commandes particulières et œuvres exceptionnelles figurant dans les expositions internationales. Chaque modèle est unique ou exécuté à un très petit nombre d'exemplaires présentant chacun de subtiles variations de détail. Leur valeur s'établit à partir d'une constatation simple : on ne peut les acquérir dans le magasin de la rue Saint-Dizier, car le potentiel d'acheteurs, pour des articles de cette nature, reste trop faible à Nancy ; par contre, ils figurent très précocement dans une célèbre boutique parisienne à l'enseigne de *l'Escalier de cristal* : ils sont aussi présentés au Salon de la Société nationale des Beaux-Arts qui, pour la première fois en 1891, s'ouvre aux objets d'art. Entre ces deux extrêmes se situent les pièces dites « riches », des œuvres soignées, souvent charmantes, au décor abondant, afin de ménager un « effet ». Elles séduisent un public très diversifié qu'unit le souci de la représentation plus que la sûreté du goût.

Malgré les efforts consentis, l'aube du nouveau siècle s'annonce sous de médiocres auspices et la préparation de l'Exposition Universelle de 1900 laisse le souvenir d'une course d'obstacles physiquement, intellectuellement et financièrement épuisante. Gallé a conscience des importantes mutations qui se déroulent sous ses yeux : rejet de l'inspiration naturaliste, naissance d'une nouvelle esthétique industrielle, montée d'impérialismes économiques. Il se sent probablement seul vers 1900, un isolement douloureusement renforcé par ses prises de position en faveur de Dreyfus, dans une cité où l'armée est unanimement admirée. Toutefois, Gallé reste « l'homo triplex », l'homme de culture, le poète inspiré, le fabricant, finalement, celui qui, sur son seul nom, peut rassembler les énergies éparses, matérialiser un idéal et conduire le combat moderne.

RÉANIMER LA CRÉATION

La voie que Gallé emprunte, avec près de dix ans d'avance, ne laisse pas indifférents ses compatriotes nancéiens. Si la ville grandit rapidement, les structures intellectuelles conservent cette forme d'intimité qui, à la longue, peut contribuer à étouffer la création mais, à l'origine, facilite la circulation des idées intra-muros. La boutique du papetier-relieur René Wiener constitue un de ces lieux d'échange où les œuvres d'art locales s'exposent en vitrine. C'est là qu'est choyé le japonais Takashima Hokkai, élève en 1885-1888 à l'Ecole forestière de Nancy. Celui-ci ne révèle pas les beautés de l'art nippon à des amateurs déjà sensibilisés depuis les Expositions Universelles de 1867 et 1878, mais il offre la primeur du geste de la création observable en direct. La revue *La Lorraine artiste* lui consacre de longs articles, laissant supposer que le Japonais fait l'unanimité chez les personnalités les plus différentes : Emile Gallé, certes, mais aussi Camille Martin, Louis Hestaux, Victor Prouvé, René Wiener, Louis Majorelle, Edgar Auguin... C'est là, le signe de l'émergence d'une génération d'artistes que l'on peut caractériser en quelques traits. Le souci du style les anime profondément, naturellement le XVIIIe siècle quotidiennement rappelé

Ernest Bussière : portrait de Takashima Hokkai ; plâtre. 1887. M.E.N.

sur la place Stanislas, mais aussi le Moyen Age dont la pureté s'exprime davantage à la cathédrale de Toul que dans la nouvelle basilique Saint-Epvre (1864-1875), objet de bien des polémiques. Cet éclectisme qui sous-tend un lotharingisme diffus ne sera jamais oublié car, aussi bien pour Louis Majorelle que pour Eugène Vallin, s'inspirer du passé n'est pas forcément

imiter mais déjà inventer. Ces Nancéiens font-ils preuve d'une certaine liberté de ton et d'esprit ? Les préjugés qui pèsent dans la capitale sur la distinction hiérarchique entre arts majeurs et arts mineurs ne semblent pas les effleurer. Faut-il y reconnaître l'influence de Théodore Devilly, peintre messin, excellent pédagogue, ayant pris la direction de l'école de dessin à Nancy après 1870 ? A moins que la nécessité d'assurer le pain quotidien n'ait eu raison en province du débat théorique ! Emile Friant, Victor Prouvé, Camille Martin sont d'abord des peintres de talent, reconnus par Roger Marx dans son ouvrage *L'art à Nancy en 1882.* Cependant, leurs toiles échappent à la mouvance de l'Ecole de Nancy. D'ailleurs existe-t-il vraiment une peinture art nouveau ? On peut en douter dans la mesure où cet art majeur n'a logiquement rien apporté à la définition de la fonction et de l'ornement. Par contre, l'intervention des peintres dans le domaine de l'art

Victor Prouvé : autoportrait. 1883. M.E.N.

Emile Gallé : verrerie « La Nuit ». M.E.N.

décoratif les introduit pleinement au sein du courant moderne. Responsable de l'atelier de fabrication en 1884, Louis Majorelle fait appel à ses camarades, Emile Friant et Camille Martin, pour continuer la pratique paternelle des meubles peints ou laqués (pseudo-vernis Martin), de goût rocaille ou japonisant. Quant à Victor Prouvé qui est né dans un milieu de dessinateurs en broderies, il entame vers 1884 une fructueuse collaboration avec Emile Gallé, avant de s'abandonner aux disciplines les plus diverses de l'art décoratif. Les sculpteurs Ernest Bussière et Alfred Finot y trouvent également des débouchés rémunérateurs.

La stimulation est d'autant plus grande que le parcours de Gallé constitue un précédent encourageant. Son succès à l'exposition de 1889 suscite des vocations.

Louis Majorelle, dont le mobilier relève, jusqu'alors, d'un artisanat coûteux vit sa conversion moderne au début des années 90. Le meuble parlant, l'introduction du décor en bois marqueté d'inspiration naturaliste (*La Source*, 1894) établit clairement la filiation avec Gallé. Cette mutation est facilitée par la présence de jeunes dessinateurs, Jacques Gruber, puis Alfred Levy qui fait toute sa carrière dans l'entreprise. Elle rend possible et implique une fabrication davantage mécanisée. Comme dans les ateliers de l'avenue de la Garenne, la production se partage entre le mobilier courant, qui intègre des marqueteries florales ou des paysages et les pièces de luxe, après 1900, les fameux ensembles en bois de palissandre et d'acajou rehaussés de bronzes dorés. La maison s'organise pour la diffu-

Louis Majorelle : mobilier « Nénuphars ». 1900 et 1902. M.E.N.

Daum : gourde plate émaillée René II, duc de Lorraine. 1885 ; urne à l'aigle. 1892. Tokyo, vente Daum, vendu par Ader, Picard, Tajan, Commissaires-Priseurs associés, le 7 octobre 1987.

sion de ses produits avec un sens commercial très sûr, certes, à partir du magasin nancéien, mais aussi avec le dépôt parisien et le recours à une habile publicité. Au tournant du siècle, le nom de Majorelle s'impose comme un des fleurons de l'art décoratif lorrain.

Toujours à cette même exposition de 1889, Antonin Daum rencontre un jeune artiste, Jacques Gruber, devant le « kiosque merveilleux » d'Emile Gallé. C'est là l'origine probable d'une intéressante collaboration qui démarre à Nancy quatre ans plus tard. En effet, l'ingénieur des Arts et Manufactures a adjoint depuis 1891 un département artistique à la verrerie Sainte-Catherine, acquise en 1878 et dirigée par son frère Auguste. Les premiers résultats ne se font pas attendre ; Daum Frères participe à l'Exposition Universelle de Chicago de 1893 et, la même année, se fait connaître à Paris avec un service à punch offert par la Lorraine à l'escadre russe lors de la visite des marins de Cronstadt dans la capitale. Les récompenses obtenues à Lyon (1894), Bordeaux (1895) et surtout Bruxelles (1897) attestent bientôt de l'émergence d'un « second grand » du verre à Nancy.

Eugène Vallin vit à son tour une révélation sous l'influence de Gallé, mais il n'y sacrifie pas un rythme de vie paisible, entièrement consacré à l'artisanat. Le menuisier, fabricant de mobilier religieux et familier du vocabulaire des styles, est d'abord marqué dans sa production par Viollet le Duc dont le *Dictionnaire raisonné du mobilier* figure parmi ses livres de chevet. La tradition l'emporte mais sur les valeurs saines de la logique constructive, de la sincérité de l'inspiration, du respect du matériau et d'un savoir-faire consciencieux. Si l'évolution semble tardive, elle se fait naturellement : en 1896, Vallin construit sa maison du boulevard Lobau en y intégrant certains éléments art nouveau et l'année suivante, il réalise le portail des ateliers d'ébénisterie de Gallé : « Ma racine est au fond des bois ». S'ouvre alors le temps des commandes civiles liées aux nouveaux horizons esthétiques.

Eugène Vallin : aménagement intérieur. 1904. Hôtel Bergeret, 24, rue Lionnois, Nancy.

Le développement des recherches s'exprime brillamment dans le domaine, alors très routinier, de la reliure. En 1893, Camille Martin, Victor Prouvé et le relieur René Wiener exposent au Salon du Champ de Mars un ensemble de réalisations dont certaines mosaïquées qui suscitent des commentaires animés, souvent critiques. Par contre, l'étranger manifeste de l'intérêt, voire de l'enthousiasme et pendant la décennie, les Nancéiens

sont conviés à exposer en Belgique, en Allemagne, aux Pays-Bas, au Danemark... Dès 1894, le Belge Henry Van de Velde constate que « d'aucuns poussèrent jusqu'à Nancy voir les reliures de Wiener ».

Il est vrai que, cette année-là, se déroule, salle Poirel, une importante exposition d'art décoratif organisée par l'architecte Charles André. Ce regroupement des efforts que concrétise le souhait d'œuvrer à la création d'un musée d'art décoratif moderne permet de dresser un premier bilan. Si l'ensemble peut séduire, les productions restent disparates. Les verriers sont les principaux bénéficiaires, mais Vallin, par exemple, se limite à la présentation d'un bahut « gothique » comme preuve d'une conversion méditée mais non effective. Pourtant l'École lorraine commence à être reconnue à l'extérieur. En septembre 1894,

Camille Martin : portefeuille « L'estampe originale » (détail). 1894. M.E.N.

on peut lire dans *L'art moderne* :
« Il est en Lorraine une ville qui
exerce [...] une influence décisive sur le mouvement d'art contemporain : c'est Nancy, ber-
ceau des artisans de génie. C'est
Nancy qui sonne les mâtines de
la renaissance des arts décoratifs. Elle seule balance le prestige un peu trop envahissant de
l'Angleterre dans l'application
des formes esthétiques à l'industrie ». L'année suivante, c'est la
revue parisienne *La plume* qui
consacre un numéro spécial à
« L'Ecole lorraine d'art décoratif ».

Cette dynamique encourage
la levée de nouveaux acteurs
tous nés après 1870. Gallé mais
aussi Majorelle, Vallin, Prouvé,
appartiennent à la génération
précédente et, à l'exception de
ce dernier, ils sont les héritiers

d'un potentiel productif. Ils sont
aussi les dépositaires d'une solide culture, celle qui permet de
porter loin le regard sur la nature, jusqu'à la réflexion critique.
La jeune génération, davantage
prisonnière de la mode naturaliste, pratique moins systémati-
quement l'analyse, mais se
laisse tenter à reproduire les
formes de la nature, formes rebelles fixées une fois pour
toutes. Cette distance équivaut à
distinguer, d'une part un véritable esprit de création attentif aux
enjeux de l'époque et ouvert au
relais parisien ; d'autre part le
foyer d'art décoratif régional,
tourné sur lui-même et conquis
par les ressources de plus en
plus populaires de l'artisanat
d'art. C'est sur cette ambiguïté
que s'apprête à vivre l'Ecole de
Nancy.

LA NAISSANCE DE L'ALLIANCE

L'Exposition Universelle de
1900 ne tient pas toutes ses pro-
messes. Alors que d'aucuns es-
pèrent la définition d'un véritable style moderne, la manifestation assure le triomphe d'un
éclectisme à géométrie variable,
à la fois bazar et salon d'antiquités. Gallé qui prépare depuis
plusieurs années cette confrontation dont il attend beaucoup
doit se résoudre à exposer en
cinq lieux différents. L'enchantement qu'il entend susciter par
une évocation cohérente et har-
monieuse n'a donc pas lieu.
Néanmoins l'organisation des
vitrines *Les Granges* ou *Repos*

dans la solitude, la présentation
sous le manteau d'un four verrier
des *Sept cruches de Marjolaine*,
« pièces décoratives inspirées
du conte de Marcel Schwob », *le
Livre de Monelle* composent, à
partir de créations de très haute
qualité, de véritables poèmes
symphoniques. Les jurys ne s'y
trompent pas, puisqu'ils lui dé-
cernent le Grand Prix pour la
verrerie et le mobilier, tandis
que ses collaborateurs Louis
Hestaux, Paul Holderbach, Auguste Herbst et Soriot se voient
également récompensés. D'ailleurs Antonin Daum exprime sa
surprise par un raccourci fami-

Emile Gallé : E.U. 1900. « Les sept cruches de Marjolaine », pièces décoratives inspirées d'un conte de Marcel Schwob.

ressent. Daum, dont les progrès sont réels, constitue désormais un concurrent sérieux. La maison qui a déposé, en 1899, un brevet, pour un procédé de décoration intercalaire à grand feu en a présenté un large échantillonnage lors de l'Exposition Universelle. Cependant l'analyse de Gallé ne relève pas d'un constat purement égoïste. Le Nancéien qui parle l'allemand et connaît les réalités de ce pays depuis le séjour à Weimar des années 1865-1866 évalue avec une extrême lucidité les enjeux économiques — mais aussi culturels — de son temps, en particulier le danger désormais pressant que représentent les produits allemands, souvent performants et soutenus de longue date par de solides infrastructures commerciales et associatives. Une lutte pour la civilisation s'engage ; le

lier : « Lorsque j'ai vu l'exposition de Gallé, les bras m'en sont tombés ». Pourtant sa maison n'a pas été oubliée, puisque Daum dont l'orientation naturaliste est désormais garantie par Henri Bergé, reçoit également le Grand Prix. Mais les récompenses ne doivent pas dissimuler la réalité des problèmes. Les mentalités et le goût ont évolué ; les critiques, surtout ceux de la jeune génération, pratiquent une remise en question plus systématique des idéaux de Gallé. La jeune *Revue Blanche* considère, en 1901, que le retour à la nature est « insuffisant pour rendre vie à l'art industriel » et certains stigmatisent l'inutilité d'objets d'art, de surcroît coûteux et en contradiction avec l'aspiration à l'art social. D'autre part, les sacrifices consentis lors de la préparation de l'exposition ont désorganisé la production courante et le chiffre d'affaires s'en

Daum : coupe brasso-cattleya roux, verre triple gravé, or martelé. Vers 1910-1913. Tokyo, vente Daum, vendu par Ader, Picard, Tajan, Commissaires-Priseurs associés, le 7 octobre 1987.

temps de la mobilisation est arrivé alors que, au début du siècle, s'ouvre une crise dans la verrerie. Des rapprochements se sont déjà esquissés. Peut-être par l'intermédiaire de Jacques Gruber qui travaille simultanément dans les deux maisons ; Daum et Majorelle collaborent, dès 1895, sur des programmes particuliers, ainsi le luminaire. Les liens de Gallé et de Vallin se sont également resserrés. Majorelle et Gallé dont les stratégies commerciales sont voisines développent contacts et échanges lors de l'Exposition de 1900 dont les conditions de présentation sont si médiocres. Le constat est simple à formuler : ce qui a été réalisé par la Société des Arts Décoratifs lors de l'exposition nancéienne de 1894 doit être préservé et enrichi. La nécessité de former des ouvriers d'art compétents sans risque de débauchage à l'étranger devient un problème prioritaire ; en fait, chacun a conscience que les démarches solitaires ne permettent plus d'assurer l'avenir.

Le comité directeur, présenté en février 1901, comprend trente-six membres de professions et de motivations très différentes ; certes, on y trouve quelques industriels d'art (imprimeurs, verriers, fabricants de meubles), mais aussi des peintres, des décorateurs, des sculpteurs, des architectes, des enseignants... Tous ne sont pas animés par des convictions art nouveau très affirmées, mais le microcosme local a commandé, peut-être a-t-il même limité le choix. Tous relèvent des métiers du dessin, mais dans la plus grande diversité, preuve qu'il s'agit bien de « substituer aux énergies isolées de la première

heure, un régime d'entente et d'efforts communs ». Les industries d'art sont minoritaires, ce qui peut surprendre en rapport d'une Ecole de Nancy se définissant comme Alliance provinciale des Industries d'Art. Mais, là encore, la cité lorraine dispose-t-elle d'un potentiel en entreprises suffisant ? Rien n'est moins sûr. Par contre, l'article 8 des statuts précise que les membres du comité d'initiative doivent être choisis « autant que possible parmi les industriels d'art ». Ce qui est fait. Emile Gallé, l'initiateur, devient le premier président de l'Ecole de Nancy, tandis que les vice-présidences sont confiées à Louis Majorelle, Eugène Vallin et Antonin Daum.

Les objectifs sont ambitieux, car si on s'unit pour contenir le péril étranger, il ne s'agit pas simplement de former un groupement d'intérêts, mais plus globalement de se montrer agissants et solidaires de son époque par la mise en œuvre d'un idéal industriel, esthétique et social. Gallé est véritablement l'inspirateur de cette orientation. Dubitatif vis-à-vis des théories anglaises de John Ruskin et William Morris, il est le seul chef de file de l'art nouveau en Europe à ne pas faire référence à ce credo qu'il juge passéiste. Sa position d'industriel l'éloigne d'une conception de l'artisanat digne des guildes médiévales et rend absurde la condamnation, sans nuance, du progrès et de la machine, alors que lui-même tente de les réconcilier avec l'art décoratif dans le champ clos de son « usine ». Par ailleurs, si les principes d'un style de mobilier contemporain d'après la nature sont réaffirmés, leur formulation sonne sur un ton réellement mo-

Emile Gallé : vase Fourcaud, cristal. 1904. M.E.N.

derne. « [...] Le sens de la logique dans la construction, dans l'emploi rationnel des matériaux, l'instinct pratique de la convenance et du confort, sous une parure d'élégance, de beauté et d'intellectualité » définissent un mobilier d'équilibre entre recherches esthétiques et rationalisme, héritier de Viollet le Duc mais programmé pour demain. Enfin, Gallé revendique aussi bien l'objet de simple utilité que la pièce de luxe, difficile équation de l'art pour tous, mythe de l'unité de l'art auquel le décoratif se heurte, sans jamais aboutir. Comment concilier les créations complexes et élitistes avec la production de séries stéréotypées par le processus industriel ? Comment ne pas abâtardir la qualité dès que la quantité s'en mêle ? Pourtant l'art social n'est pas un vain mot pour celui qui, depuis 1898, est membre fondateur et trésorier de la section nancéienne de la ligue des Droits de l'Homme et du Citoyen. L'année suivante, il figure également parmi les pères fondateurs de l'Université Populaire dont la Maison du peuple construite par Paul Charbonnier, en 1901-1902, est financée par l'ingénieur socialisant Charles Keller. A Nancy, cet idéal généreux trouve écho aussi bien chez Victor Prouvé que chez les architectes Gutton, mais seul le fabricant de meubles d'art Camille Gauthier parvient à lui donner corps. Dès l'ouverture de son atelier en 1901, la production y est immédiatement orientée vers la quantité et les prix modérés. L'effort d'invention n'est pas spectaculaire, mais tout de même bien réel et, grâce à une active politique de diffusion, l'entreprise va connaître de beaux jours.

Les aspirations exprimées dans le programme de l'Ecole

Victor Prouvé sculptant une allégorie du Travail au fronton de la Maison du peuple, 2, rue Drouin, Nancy. 1902.

de Nancy ont pour cadre une nécessaire décentralisation artistique. Il va de soi qu'on se défie des produits allemands, mais la tentation belge à laquelle Majorelle, dit-on, sacrifie parfois, doit être également repoussée. Quant aux Parisiens, ils sont critiqués pour la générosité du décor végétal, les excès de ligne fatigants, le parti-pris d'asymétrie décadent, toutes orientations qui, il est vrai, ne correspondent guère au tempérament local, davantage mesuré. Mais pour exprimer fermement sa propre personnalité, c'est-à-dire l'autonomie du foyer intense d'art industriel, encore faut-il que le terreau soit suffisamment riche ! C'est en ce sens que l'Ecole de Nancy entend conduire rapidement une double action. L'une concerne l'enseignement, avec la création d'une école professionnelle des métiers d'art, la fondation d'un musée, d'une bibliothèque, de collections d'art industriel, l'organisation de conférences, concours, expositions, ... en résumé la mise en place des structures éducatives formatrices du regard et de la main, à destination des ouvriers, mais aussi des artisans, des artistes-décorateurs et pourquoi pas des chefs d'entreprise. L'autre point, particulièrement important aux yeux de Gallé, porte sur la nécessité de communiquer ses acquis aux autres centres d'art décoratif en Europe, de développer les relations amicales et les échanges commerciaux. Tenter le rayonnement, c'est déjà éviter l'asphyxie. Un tel programme entraîne naturellement une question : l'Ecole de Nancy peut-elle raisonnablement matérialiser ses ambitions ?

Escalier de la villa Jika ; dessin d'Henri Sauvage. 1902. 1, rue Louis-Majorelle, Nancy.

Les modifications sensibles du paysage urbain invitent à le croire. L'architecture se partage jusqu'alors entre un éclectisme de bon aloi et un rationalisme souvent austère chez les personnalités avancées, fidèles à la diffusion locale du néo-gothique, ainsi qu'aux commandements de Viollet le Duc. Au début du siècle apparaissent des recherches nouvelles qui concernent davantage la structuration de la façade que la remise en question des intérieurs. Conformément à l'intuition de Gallé, c'est de l'extérieur que vient l'impulsion, avec la construction, en 1901-1902, de la villa Jika de Louis Majorelle par l'architecte parisien Henri Sauvage. Cette œuvre majeure, à la fois rationaliste et imaginative, n'a pas de descendance directe à Nancy, mais elle jette judicieusement le trouble dans les consciences. Lucien Weissenburger qui assure sur place la direction de ce chantier y démarre un itinéraire art nouveau, formalisé autour de quelques schémas types : juxtaposition ferme des volumes et rupture des travées horizontales de l'élévation par l'introduction de motifs hors d'échelle. Les Gutton s'en souviennent aussi, quoique de façon plus anecdotique, pour les terminaisons végétales des tiges métalliques de la graineterie Genin (1901). La même année, Henry Gutton et Emile André font référence aux cités-jardins anglaises en projetant une intéressante variation nancéienne dans le parc de l'ancien château de Saurupt. D'autres réalisations également talentueuses témoignent d'une plus grande autonomie de conception. Toujours en 1901, Charles André, son fils Emile et Eugène Vallin lient étroitement structure et plastique sur la devanture du magasin de confection Vaxelaire, tandis que, rue de la Commanderie, ce dernier édifie pour l'architecte Georges Biet, une surprenante cathédrale Ecole de Nancy sans grande cohérence, mais dont la présence ne cesse d'impressionner. Décidément, en cette fin 1901, toutes les possibilités semblent s'ouvrir devant l'Alliance provinciale des Industries d'Art.

RENDEZ-VOUS A TURIN, PARIS... ET NANCY

Dès l'année suivante, les Nancéiens ont la possibilité d'éprouver la qualité de leurs œuvres car il se prépare à Turin une importante exposition d'art décoratif qui doit effacer la décevante expérience de 1900. L'objectif est de dresser un premier bilan des orientations modernes du XXᵉ siècle, en conséquence l'imitation des styles anciens se trouve proscrite et seules les productions originales sont autorisées. Bien que ce programme soit très stimulant, on y remarque plusieurs absents de marque : les Sécessionnistes viennois, Hector Guimard et... l'Alliance provinciale des Industries d'Art. Au départ, les querelles intestines et la désorganisation chronique du Comité français entraînent bientôt sa dissolution, si bien que les Nancéiens se retrouvent seuls à tenter l'aventure. André, Vallin peut-être, échafaudent différents projets pour l'entrée d'un pavillon réservé à l'Ecole de Nancy, tandis que Majorelle se voit confier le décor d'un salon d'exposition de 300 m². Mais, fin février 1902, lors d'une réunion chez Vallin, force est de constater que les seules ressources privées ne peuvent financer l'opération. Gallé écrit au ministre du Commerce et de l'Industrie pour solliciter l'aide de l'Etat et évoque la nécessité impérieuse de présenter à Turin les caractères du style contemporain français : « la logique, la clarté, le goût ». Rien n'y fait et l'Ecole de Nancy doit renoncer à son voyage italien. Seuls Daum et Majorelle y parti-

De gauche à droite : Camille Martin : affiche pour l'exposition de 1894 ; Victor Prouvé : invitation pour l'exposition de 1903 à Paris ; Victor Prouvé : couverture du catalogue de l'exposition de 1904 à Nancy. c.p.

cipent, sous la bannière fripée des Artistes français, tandis que Charles Fridrich, le tapissier-décorateur, fondateur de la Maison d'art lorraine expose en indépendant et remporte même un diplôme de mérite pour ses tissus d'art. L'échec est cuisant, d'autant plus que les grands bénéficiaires de la manifestation sont les Allemands dont la discipline et l'esprit d'organisation font merveille.

Cette absence peut être réparée, semble-t-il, en 1903 puisque l'Union Centrale des Arts Décoratifs accueille l'Ecole de Nancy à Paris, au pavillon de Marsan. Gallé dont l'état de santé inquiète ses proches n'y joue pas le rôle moteur ; ce sont Daum et Majorelle, commercialement en pointe, qui soutiennent activement un projet susceptible de conforter le prestige de leurs établissements. Le délai de préparation très court et l'hétérogénéité des œuvres exposées ne font pas de cette reconnaissance du mouvement un événement très marquant, tout au moins

pour les Parisiens et les étrangers. Gallé qui réaffirme dans la préface du catalogue les principes de l'Ecole de Nancy s'inquiète, en privé, de la faible participation des industries d'art en rapport de la présence de petits métiers artisanaux servis avec plus ou moins de talent. D'ailleurs, l'accueil de la presse reste poli et réservé, sans plus. Cette première et unique visite dans la capitale confirme que, insensiblement, l'Ecole de Nancy s'éloigne des enjeux productifs du monde moderne.

Ce constat n'est sans doute pas partagé par les Nancéiens qui découvrent, en novembre 1904, l'exposition d'art décoratif organisée sur l'invitation de la vénérable Société lorraine des amis des arts. Pour la circonstance, les galeries Poirel ont été remodelées en un espace Ecole de Nancy par Eugène Vallin et l'architecte Alexandre Mienville. Plusieurs décorateurs, dont Victor Prouvé et Auguste Vallin, le fils d'Eugène y ont collaboré tandis que Charles Fridrich réalise

Emile Gallé : lit « Aube et Crépuscule ». 1904. Le Crépuscule. M.E.N.

les tentures, la maison Champigneulle de Bar-le-Duc les vitraux. Le résultat magnifique et foisonnant témoigne du chemin parcouru depuis l'exposition de 1894. Néanmoins, deux ombres viennent ternir le tableau. La disparition de Gallé survenue le 23 septembre 1904 est douloureusement ressentie par tous. Sa présentation posthume révèle l'ampleur d'une perte irréparable. L'armoire « Faune et flore exotiques », la vitrine « Les fonds de la mer », les verreries rares, les pièces d'éclairage et surtout le mobilier conçu pour son ami le magistrat Henri Hirsch — l'étonnant lit « Aube et Crépuscule » qui, selon le critique Emile Badel, « déconcerte nos esprits », — tout cela constitue un ensemble exceptionnel, véritable chant du cygne, presque écrasant pour les autres. Mais la qualité de la manifestation laisse à penser que la relève est prête. Or, rien n'est moins sûr. Dans l'avant-propos du catalogue, le Comité directeur de l'Ecole de Nancy rend hommage à son maître, évoquant son idéal sans que n'apparaisse dans aucune phrase le terme : industrie d'art. Celui-ci est remplacé par l'expression « Groupement des métiers artistiques de l'Est ». Ce glissement, en apparence insignifiant, exprime bien la réalité d'une exposition où l'effort industriel — certes réel chez un Cytère, fabricant de grès artistiques à Rambervillers — s'épuise peu à peu devant le bibelot charmant et archaïque. Suprême ambiguïté ; alors que le principe de l'Unité de l'Art est à nouveau exalté, son terrain d'application privilégié, l'architecture s'évade difficilement du mode mineur ! Finalement, la voix nancéienne, oublieuse depuis près de deux décennies de sa situation provinciale s'endort peu à peu dans un doux et chaud murmure.

VICTOR, LOUIS, ANTONIN
ET LES AUTRES

Victor Prouvé : en-tête de lettre pour l'Ecole de Nancy. Avant 1905. c.p.

En 1905, Victor Prouvé devient le second président de l'Ecole de Nancy. Ce choix paraît logique car cet ami et collaborateur de Gallé, de surcroît rompu à toutes les disciplines de l'art décoratif, incarne véritablement l'unité de l'art. Sa générosité, son sens du contact humain constituent des qualités pédagogiques essentielles pour un mouvement qui entend d'abord se préoccuper d'éducation. Paul Colin, l'affichiste, Jean Lurçat, le rénovateur de la tapisserie française et tant d'autres jeunes artistes, acteurs des années 20, lui sont redevables de leurs premières émotions artistiques. Mais Prouvé est-il l'homme providentiel dont l'Ecole de Nancy a besoin pour poursuivre l'œuvre à peine esquissée ? Installé à Nancy depuis seulement trois ans, ignorant des réalités quotidiennes de l'industrie, ce peintre de formation, ancien candidat au Prix de Rome, rend caduc le message de Gallé. Celui-ci n'avait-il pas posé pour principe, en préam-bule des statuts de 1901, que l'Ecole de Nancy devait « rester préférablement entre les mains d'industriels » ? Une modification « mineure » des statuts ouvre une nouvelle direction que l'on peut résumer par la formule : moins de réel, davantage de rêve. La beauté du geste créateur est exaltée, l'art pour tous, fixé comme l'objectif d'un quotidien merveilleux. Ces commandements ne sont pas sans rappeler les théories anglaises d'Arts and Crafts du siècle dernier, celles-là même que Gallé jugeait inadaptées à la marche du monde contemporain. L'Ecole de Nancy dont l'ambition originelle était de multiplier les contacts à l'extérieur n'a désormais, pour champ d'observation, que le terrain local. Est-ce suffisant pour conduire une stratégie ? Peut-être, si on s'en tient au bilan économique car la croissance va bon train.

La cristallerie Gallé, désormais gérée par Mme Gallé, secondée en 1909 par son gendre l'archéologue Paul Perdrizet

Victor Prouvé : « La toilette ». M.E.N.

Les frères Muller : lampe « Hibou ». Vers
1903-1905. M.E.N.

Daum : vase « Le verrier à la halle ».
1908. Tokyo, vente Daum, vendu par
Ader, Picard, Tajan, Commissaires-Priseurs associés, le 7 octobre 1987.

Amalric Walter et Henri Bergé : vide-poches, pâte de verre. Christie's, Genève, 11
novembre 1984.

tourne le dos à la création, s'oriente vers le quantitatif et produit sous la marque de fabrique « Gallé » beaucoup plus de verrerie industrielle que du vivant même de l'artiste. L'entreprise ne ferme qu'en 1931, moins victime de la récession que d'une décision mûrement réfléchie, alors que « les récoltes » sont encore belles. A Lunéville, les frères Muller se sont lancés avec succès dans le verre décoré de motifs floraux dans le goût de l'Ecole de Nancy mais, indice révélateur, l'action de l'Alliance ne semble guère les concerner. Toujours à Lunéville, la firme Keller et Guerin accentue sa conversion naturaliste, en particulier grâce à l'apport talentueux du sculpteur Ernest Bussière. Daum, Gruber et Majorelle sont aussi en grands progrès. Grâce aux efforts conjugués d'Antonin Daum et de son frère Auguste, responsable de la partie commerciale, l'entreprise consolide ses positions, élargit sa clientèle et la gamme de ses produits, développe toutes les ressources techniques du verre : applications, vitrification, décoration intercalaire, moulés alors dits vases « de haut relief » (1907). Le maître décorateur Henri Bergé fournit les modèles en serrant la nature de près mais toujours avec générosité tandis que le chef verrier Eugène Gall règne à la halle. Antonin Daum, ingénieur de formation, reste très attentif à la qualité du produit fini. De nouveaux venus viennent renforcer l'équipe, suggérant les remises en question nécessaires au développement d'une verrerie d'art, principal lieu de création, depuis la disparition de Gallé. La meilleure recrue est sans conteste celle, vers

1905, d'Amalric Walter, un céramiste-verrier tout droit sorti de la Manufacture de Sèvres. Avec la pâte de verre, celui-ci investit un nouvel univers plastique promis à un brillant avenir.

Jacques Gruber dont les activités sont très diverses s'impose au cours de la décennie comme un peintre maître-verrier de premier plan, auteur d'une œuvre considérable et généralement de grande qualité. C'est un homme neuf, indépendant des importantes maisons Champigneulle ou Höner-Janin qui, depuis des décennies, pratiquent toutes les variations éclectiques du vitrail religieux, puis se convertissent à l'art nouveau parce que c'est à la mode. Gruber triomphe dans le secteur, alors très porteur, du vitrail civil où il parvient à un subtil équilibre entre art et industrie. Le recours aux facilités qu'offre le progrès technique, la fabrication quasi sérielle de certaines pièces ne font que nourrir une expression poétique en constant renouveau.

Jacques Gruber : verrière « Vol de mouettes ». Paris, 10 décembre 1987, Mes Tilorier, Beaussant, Camard. Préemptée pour le Musée d'Orsay, Paris.

Louis Majorelle, connaît, lui aussi, de belles années. A la fin 1904, il a racheté rue de Provence le magasin à l'enseigne de *l'Art nouveau* du célèbre antiquaire Siegfried Bing. Grâce à cette vitrine parisienne, il figure parmi les personnalités les plus attentives aux mouvements de l'époque. Rien d'étonnant donc à ce qu'il soit le premier — dans ses ferronneries par exemple — à sacrifier à l'esprit de géométrie naissant.

Louis Majorelle : mobilier de bureau, pommes de pin et orchidées. Vers 1904.

Les réussites individuelles sont manifestes, mais si l'Alliance a pu les aider dans un premier temps, elle ne profite pas en retour du succès de ces industries d'art. Alors que le floral industriel devient populaire sur la région, les liens avec l'Ecole de Nancy se relâchent, son champ d'action se restreint. Certes, dès 1905, celle-ci lance des concours d'émulation destinés aux jeunes gens intéressés par l'art décoratif, mais l'option apparaît purement artisanale. Il va de soi qu'en ce domaine la qualité est souvent présente, aussi bien avec les grès des frères Mougin que sur les broderies raffinées du fabricant Albert Heymann, mais que penser des multiples ouvrages de dames qui encombrent les expositions, des

couverts à salade sculptés par Victor Guillaume, un artiste probe dont l'authenticité des convictions ne peut être mise en doute ? S'agit-il là des objets qui doivent insuffler le bonheur dans le quotidien ? Sont-ce là les signes d'un renouvellement du cadre de vie ? A ce titre, une brève radioscopie du milieu architectural permet un diagnostic très clair. Le luxueux hôtel Bergeret de Lucien Weissenburger, 24, rue Lionnois (1903-1904) et la magnifique mairie d'Euville due à Henri Gutton et Eugène Vallin (1901-1909) sont des réalisations de belle allure qui rendent effectif le mythe de l'Union des Arts, dès qu'il s'adresse aux plus fortunés. Mais les meilleurs architectes vivent une sorte de crise intérieure qui les conduit à rejeter progressivement les principes de l'art nouveau. Emile André, la personnalité sans doute la plus captivante, brise le carcan du conformisme local et n'a de cesse d'introduire des respirations inventives. Avenue Foch, aux n°s 69 et 71 (1902 et

Louis Majorelle : rampe d'escalier, monnaie du pape. 1904. Hôtel Bergeret, 24, rue Lionnois, Nancy.

Emmanuel Champigneulle : verrière à décor de platane. 1907. Salle des fêtes, mairie d'Euville, Meuse.

1904), il démarque avec intelligence les immeubles parisiens de Jules Lavirotte ; au 30, rue du Sergent-Blandan (1903), il se nourrit de références étrangères qu'il relit dans un souci d'économie et de fonctionnalité ; quai Claude Le Lorrain, au 92-92 bis (1903), il se livre à d'intéressantes variations sur le style balnéaire tandis que le pavillon de banlieue le guide pour la villa Les Roches (1902), 6, rue des Brice, dans le parc de Saurupt. Même l'Alsace trouve place dans son vocabulaire à la banque Renauld (1910), 9, rue Chanzy. Cette architecture d'évasion est davantage cadrée chez son collègue plus âgé Lucien Weissenburger. Quelque peu marqué par Henri Sauvage, celui-ci joue la lisibilité de volumes stricts — sa propre maison, 1, boulevard Charles V (1904) —, ce qui le conduit bientôt à désarticuler la façade, à casser l'harmonie rythmique de l'art nouveau, témoin la villa Lang, 1, boulevard Clemenceau (vers 1907). Henri Gutton et Joseph Hornecker développent une approche voisine et leur villa Marguerite, 3, rue du Colonel Renard (1905) crée la surprise par ses jeux d'angle, ses juxtapositions pittoresques. Seuls Georges Biet et Eugène

Vallin continuent à marquer leur fidélité aux principes de l'Ecole de Nancy à l'agence bancaire de la Société Générale, 42-44, rue Saint-Dizier (1903) et pour ce dernier sur l'immeuble de Maître Margot, 86, rue Stanislas (1906). L'élan unique d'une masse plastique indivisible, vivante, sans angles ni ruptures, définit une qualité de rythme, de pulsion typiquement art nouveau. Celle-ci ne doit pas faire oublier qu'il ne s'agit que d'un brillant exercice de mouluration, sans portée sur l'organisation des intérieurs. Mais toutes ces réponses individualistes et désordonnées — y a-t-il désarroi ? — sont noyées dans l'abondance des ornements de style art nouveau qui se répandent sur les façades, indifférents à la structure, partout en ville.

Alors que le courant est défunt en Europe, que certains artistes nancéiens tentent des expériences fécondes ou simplement l'aventure d'une fuite en avant, le décor Ecole de Nancy, superficiel et académique, atteint une forme de royauté conquérante sur tous les supports, tous les matériaux. Pour les amateurs qui, à l'extérieur, s'intéresseraient encore au mouvement nancéien, son action apparaît limitée au simple renouvellement de la grammaire décorative. Peu à peu, une prise de conscience s'opère, tout particulièrement chez Antonin Daum et Victor Prouvé. Ce dernier est très impressionné par la démonstration allemande à l'exposition de Munich en 1908 car, tandis que l'Ecole de Nancy dérive, l'heure du « Sedan commercial » tant redouté par Gallé — l'expression est du parisien Rupert Carabin — est arrivée.

Le 1er mai 1909 s'ouvre dans le parc Sainte-Marie l'Exposition internationale de l'Est de la France. Cette manifestation destinée à démontrer la vitalité des activités économiques de la Lorraine et des régions périphériques a abrité, pendant cinq mois, plus de 1 500 exposants.

Georges Biet, Emile Toussaint, Louis Marchal : le Palais des Fêtes. 1909. Parc Sainte-Marie, Exposition internationale de l'Est de la France, Nancy.

L'entrée principale, une porte monumentale, offerte par les Forges et aciéries de Pompey, glorifie la toute puissante sidérurgie. Un nombre important de pavillons regroupe les différentes spécialités : mines et métallurgie, mécanique, électricité, textile, construction et ameublement, céramiques et verreries, alimentation, brasseries... La reconstitution minutieuse d'un village alsacien cristallise l'attention de tous les patriotes. Dans la perspective de la grande allée se dresse un monument digne de l'Exposition Universelle de 1900, le Palais des Fêtes, une construction en stuc décorée par Louis Guingot.

L'Ecole de Nancy présente aussi son propre pavillon, non sans mal. Le projet doit mobiliser les énergies, réchauffer la création, mais les propositions révèlent davantage les profondes divergences qui agitent désormais l'Alliance. André et son collègue Gaston Munier conçoivent une architecture-bilan, véritable somme rétrospective, sans grande valeur prospective, mais qui a le mérite de donner matérialité à l'institut rêvé par Gallé, un espace abritant bibliothèque, musée, salles d'exposition, d'enseignement et de réunion. Moins ambitieux, Vallin emporte difficilement la décision sur un programme radical et solitaire en ciment armé largement critiqué par certains de ses confrères. En fait, il réalise ici un vieux rêve qui anime toute sa production : « l'unité de la matière et l'harmonie des lignes ». Cette tentative artisanale, résolument cohérente, débouche sur une réalisation partielle. Inauguré avec plus de deux mois de retard, le pavillon se présente comme un édifice bâtard, mutilé sans son premier étage et prisonnier des staffs. A l'intérieur, le spectacle est surprenant pour qui a vu l'exposition d'art décoratif de 1904. L'architecture n'est même pas évoquée, alors que, pour la première fois, le groupe des Artisans Lorrains dispose d'une vitrine spécifique réalisée en métal forgé. Luminaires et broderies y côtoient un sous-main en cuir de Paul Colin et des anneaux de serviette en bois sculptés par Victor Guillaume. Les grands noms de l'Ecole de

Nancy sont là : ainsi les établissements Gallé, mais la table de musée *Le Rhin*, créée pour l'Exposition Universelle de 1889 et présentée dans le hall central du pavillon de 1909, rappelle que le temps a fui. Cytère, Daum, Gruber, Majorelle, Mougin, Prouvé, Vallin et deux artisans Ferez et Neiss disposent chacun d'un espace particulier. Gruber et Majorelle — ce dernier avec son mobilier aux orchidées — attestent de progrès constants, Prouvé montre un modèle des cariatides qu'il vient de

Exposition internationale de l'Est de la France. Nancy, 1909. Le hall central du pavillon de l'École de Nancy.

réaliser pour les Magasins Réunis et Daum obtient un beau succès avec ses panneaux, « vitraux-cloisons » en pâte de verre, réalisés sous la direction de Walter. Le souvenir de cette présentation est conservé dans la luxueuse revue *Art et Industrie* fondée en 1909 par Eugène Corbin. Son titre est ambitieux mais irréaliste dans le contexte nancéien. Si les articles s'ouvrent enfin à la création française et étrangère, surtout allemande, c'est d'abord pour évoquer la tradition populaire et l'artisanat des régions. En cela, la teneur des analyses et les comptes rendus botaniques d'Emile Nicolas n'ont pas la pertinence des articles, parfois brûlants de *l'Immeuble et la Construction dans l'Est*, un journal qui depuis 1887 nourrit le débat autour de l'architecture moderne.

Quand les lampions de la fête s'éteignent, les responsables de la municipalité et de la Chambre

Le stand Majorelle, mobilier aux orchidées.

Le stand Eugène Vallin et Victor Prouvé.

Le stand des verreries Daum.

de Commerce ont lieu d'être satisfaits. Le pari hasardeux est gagné : succès financier, succès commercial, succès de prestige pour Nancy. Mais qu'en est-il pour son Ecole ? Antonin Daum, gagné par la lucidité, entreprend de reformuler les analyses de Gallé mais il est trop tard. Le pavillon de l'Ecole de Nancy qui aurait dû prolonger son action est rapidement démoli. Si quelques lueurs illusoires vacillent encore, cette destruction entérine symboliquement l'acte de décès de l'Alliance. Il est vrai que, bien avant la Première Guerre mondiale, émerge un autre monde auquel les Nancéiens n'ont pas suffisamment prêté attention. La petite rétrospective consacrée aux verreries précieuses de Gallé au musée Galliera en 1910 n'est-elle pas accueillie dans une quasi indifférence, hormis chez des admirateurs de longue date !

L'architecture enregistre peu à peu les indices du changement. Pierre le Bourgeois, un jeune architecte, joue la monumentalité classique sur les baies rectangulaires de l'immeuble de l'Est Républicain, 5 bis, avenue Foch (1912-1913) tandis que Lucien Weissenburger se livre à une ultime et magistrale démonstration, 3, rue Mazagran à l'Hôtel d'Angleterre et café Excelsior (1910). Si la salle de brasserie compose une atmosphère subtilement Ecole de Nancy, l'élévation extérieure se caractérise par une rigueur et une puissance encore inconnues dans le milieu local. Une large parenthèse se ferme. La mode géométrique vient rejoindre les soucis de convenance et d'équilibre qui, depuis deux siècles, sont les données naturelles du paysage et du tempérament nancéiens. Certes l'aventure n'est pas finie, Muller, Delatte et

Lucien Weissenburger, Alexandre Mienville, Louis Majorelle : intérieur de la brasserie Excelsior. 1910, Nancy.

surtout Mougin, Walter, le verrier Paul Nicolas entretiennent encore la flamme de la création avec parfois de belles réussites, mais les plus grands, Daum et Majorelle, ralliés à l'esprit art déco. ne sont plus des initiateurs. Seul le « jeune » Gruber — il n'a que la quarantaine — poursuit une active politique de création mais signe des temps, il est installé à Paris depuis 1914.

Il faut admettre — et sans sombrer dans un pessimisme excessif — que le rayonnement de l'Ecole de Nancy apparaît limité. Pourtant cette responsabilité n'incombe pas totalement à ses membres, ni aux événements de son histoire. Certes démunis dans leur approche conceptuelle et méthodologique des problèmes, les Nancéiens sont aussi victimes de la chronologie. En effet, l'Alliance se codifie et entend prendre son essor au moment où les caractères formels de l'art nouveau ne vont plus susciter longtemps l'adhésion du public et des principaux créateurs. Restent les œuvres qui, aujourd'hui plus que jamais, peuvent soutenir la comparaison avec les plus exceptionnelles productions des autres centres de l'art nouveau.

CRÉER MALGRÉ TOUT

On ne peut qu'être frappé par la diversité des activités pratiquées au sein des ateliers modernes de Nancy : verrerie, céramique, ébénisterie, ferronnerie, vitrail, arts graphiques, mais aussi papier peint, peluches et tentures, reliure et broderie. Pourtant ce foisonnement exprime une seule idée, le principe d'harmonie qui doit triompher dans le décor quotidien et contribuer ainsi à poser de nouveaux rapports de beauté et d'intelligence entre les hommes. La difficulté d'un tel programme justifie que le talent des uns et des autres s'épanouisse surtout dans la pièce unique et la petite série. En cela, la probité du savoir, la sincérité de l'inspiration, la logique de la construction et la compréhension des vertus du matériau expliquent la naissance du chef-d'œuvre.

Il est toujours délicat de dissocier les différents domaines de la création art nouveau, car c'est se résoudre à trahir, aujourd'hui encore, le principe même de l'unité de l'art. Aussi faut-il peut-être privilégier l'idée d'un voyage imaginaire dans un intérieur non moins imaginaire où tous les signes de l'Ecole de Nancy se trouveraient représentés. Vue de l'extérieur, la maison communique l'idée d'une architecture mineure, tardive et sans grande réflexion théorique, mais qui laisse de belles traces dans le milieu urbain. Deux traits la caractérisent. La part des nouveaux matériaux y est modeste. Certes, le fer s'affiche dans certains programmes commerciaux et industriels, mais en général dans des positions de marquage précis ou à des fins décoratives. La seule exception est l'ancienne guinguette Trianon de Malzéville construite par Georges Biet vers 1902-1903, une étonnante adéquation forme-fonction s'inscrivant dans la lignée des ouvrages d'ingénieur. A l'inverse la pierre est omniprésente, y compris lorsqu'elle doit composer avec le bois, la brique, la céramique, le métal et surtout sa parente rustique, la meulière, afin de susciter des jeux de couleurs et de textures. Celle qui est issue des carrières d'Euville dans la Meuse toute proche offre des qualités intrinsèques justifiant son usage aussi bien au XVIIIe siècle sur les chantiers de Stanislas où la stéréotomie est élevée au rang d'un art que lors de la construction de la villa Majorelle, expression la plus aboutie de l'art nouveau à Nancy. Ainsi s'établit une filiation entre tradition et modernité tout à fait conforme à la démarche créatrice de la plupart des membres de l'Alliance. Par ailleurs,

la plasticité de la pierre facilite l'expression du savoir-faire local, si évident chez Lucien Weissenburger lorsque, à l'hôtel Bergeret, rue Lionnois, par exemple, il fait de la monnaie du pape à la fois un détail décoratif raffiné et le thème unificateur de l'architecture. La vitalité du néo-gothique doit être soulignée dans un second point. Si Viollet le Duc est un rénovateur, il semble surtout perçu comme le pourvoyeur de définitions et de modèles que l'on va piller sans complexe selon les exigences du moment. En cela, le néo-gothique pousse ses flèches, ses pinacles, son bestiaire et sa végétation loin dans l'architecture de l'Ecole de Nancy. On peut même dire qu'il nourrit l'art floral, lui fait découvrir l'échelle monumentale, puis provoque le rejet du scrupule botanique ainsi que le démontre l'itinéraire personnel d'Eugène Vallin. En conséquence, le néo-gothique ne doit pas être compris comme un style parmi d'au-

Jacques Gruber : véranda (détail). Vers 1904. M.E.N.

tres, un de ceux dont on répand les ornements parce qu'ils permettent de belles formes décoratives. Son influence se marque davantage dans la morphologie du bâtiment par toute une série de traits originaux qui donnent à la fois ambition et personnalité au courant architectural nancéien. Rien d'étonnant donc à ce que le vitrail y occupe une place de choix. En ce domaine, les réussites sont nombreuses et de grande qualité comme s'il fallait particulièrement soigner les avant-postes de la façade. Le développement des bow-windows, des vérandas et des jardins d'hiver perturbe la notion de limite, suscite des espaces intermédiaires, transitoires, où la lumière du jour et les ombres de la nature viennent glisser, s'accrocher sur une frondaison de verre coloré. Les rideaux végétaux que Gruber tire devant les ouvertures sont des clôtures soumises à de multiples métamorphoses. Le support peut flamboyer ou s'éteindre. La superposition de verres en couches épaisses provoque l'opacité nécessaire au déploiement d'un livre d'images à la Chambre de Commerce, le verre chenillé que le rayon solaire vient caresser suggère les reflets et les irisations d'une onde en mouvement dans la cage d'escalier de la mairie d'Euville... Les progrès des verres industriels permettent de maîtriser tous les effets à tel point que la vocation du vitrail de l'Ecole de Nancy n'est plus seulement de diffuser la lumière, mais plutôt de la contenir à l'extérieur. En cela, le filtre ferme la pièce, donne unité au huis clos, lie entre eux les différents ingrédients du lieu : bibelots, meubles, tentures, tableaux, lu-

minaires, etc. Il réalise ce qu'on appelle souvent l'atmosphère « aquarium », terme judicieux qui évoque non seulement une lumière glauque, bleu-vert mais aussi certaines propriétés de l'espace : silence, lenteur, souplesse, protection, toutes formatrices de la conscience de l'époque. Ces intérieurs entièrement voués à l'art nouveau sont exceptionnels. Le coût élevé d'un tel aménagement limite nécessairement la clientèle. La conception globale de l'espace effraie aussi, car elle ne suppose aucun manquement ni ajout et peut être facilement ressentie comme étouffante. Les meubles les plus imposants ambitionnent souvent des fonctions multiples et illusoires, alors qu'ils s'apparentent davantage à des pièces d'exposition rebelles à l'usage quotidien. Ces instruments s'adressent en fait aux nouveaux maîtres de l'économie, « self-made-men » nancéiens qui aspirent à communiquer des réussites récentes. Plus généralement, le confort bourgeois s'organise autour de juxtapositions stylistiques. Les meubles de Majorelle côtoient le mobilier Louis XV ou plus souvent les copies exécutées avec soin par l'artisan Justin Ferez. Les verreries de Daum, les pièces riches ou industrielles de Gallé, les grès de Mougin, les statuettes d'Ernest Wittmann se disputent la place avec les faïences anciennes, les bronzes d'art, les monnaies antiques, les objets exotiques de valeur ou de pacotille et partout, les tentures, les peluches, les tableaux accrochés en rangs serrés. Cette énumération renvoie à l'éclectisme des sources de l'Ecole de Nancy : le cabinet de curiosités,

Jacques Gruber : cheminée de la maison Gaudin. 1900. Nancy.

Eugène Vallin : cheminée de la salle à manger Masson. 1904. M.E.N.

la bibliothèque de l'amateur, le salon des antiquités. La diversité est également très présente sur le meuble art nouveau, diversité de la destination certes, mais aussi diversité du processus de conception. Vallin ne se départit jamais d'une obsession constructive qui l'amène à mettre des monstres en équilibre. Créer équivaut à tracer un sillon. Choisir une bonne terre ou un bon matériau, disposer d'outils adaptés, faire preuve de conscience et savoir se hâter lentement, garantissent la qualité formelle de l'œuvre. Cela s'appelle l'enracinement. Majorelle, lui, est un esprit fin qui sait allier dessin et dessein. Qu'il s'intéresse au XVIIIe siècle ou au Japon, il se réfère toujours au même dénominateur commun : la ligne qui devient tige de bronze doré, double et souligne avec flexibilité la courbure du meuble précieux. Son inspiration aérienne comme en prise sur le vide s'épanouit sur les cimes.

Dans le domaine de la verrerie, Gallé et Daum s'opposent aussi même si le second emprunte parfois les costumes de l'aîné avant de trouver sa voie. Les pièces d'art de Gallé ont pour vocation de transfigurer la nature. Comme le verre grossissant de la loupe, elles révèlent, et par-là même, engendrent questions et réflexions. Daum apporte des réponses virtuoses. Sa vision du monde végétal et animal est plutôt reproductive, à l'image des applications de raisins, chardons, champignons, coloquintes, toutes plastiquement criantes de vérité et appréciées du public. En retrait de ces grands noms, sous la lampe ou sur la nappe brodée de capucines existe tout un peuple de petites choses non sans qualité : vases, cendriers, encriers, bonbonneries, grès flammés à beaux reflets métalliques produits chez Keller et Guerin à Lunéville mais aussi de nombreux bijoux et objets d'orfèvrerie que l'on évoque rarement. Il est vrai que Nancy n'a pas son René Lalique, car rien n'est plus coûteux que les recherches en ce domaine, où, de surcroît, la présence d'une riche clientèle est indispensable. Néanmoins, quelques orfèvres comme Kauffer, Daubree et Ronga, n'ont pas hésité, parfois en collaboration avec Prouvé, à s'inspirer de la nature pour convertir pendentifs, médailles, épingles et peignes. Les broches s'appellent « Libellule », « Gui et Chimère », les plaques de cou « Mimosas » et « Boules de Roses » tandis que perles, émeraudes, opales, rubis s'ouvrent en corolles ou glissent sur des tiges d'argent ciselé.

Le bilan de cette courte traversée est éloquent. Si les artistes, industriels d'art, artisans ont créé un univers de formes Ecole de Nancy, l'Alliance a bel et bien formé l'époque. N'est-ce pas là un signe de réussite pour un mouvement dont Gallé fixait l'ambition avec modestie dans un très beau texte préfaçant le catalogue de l'Exposition du Pavillon de Marsan en 1903 :

« ... Nous avons cherché à déduire de la nature la méthode, les éléments et le caractère propres à créer un style moderne d'ornementation, un revêtement coloré du plastique pour les objets et les usages modernes. Nous ne prétendons, certes pas, avoir réussi : au moins avons-nous essayé de mettre en évidence, par ce temps de confusion, les principes qui distinguent des autres tentations récentes notre style français logique et directement inspiré de la documentation naturelle... »

Parures, bijoux, dentelles, peigne art nouveau. M.E.N.

TOUTE
L'ÉCOLE DE NANCY

REPÈRES CHRONOLOGIQUES

1845 Charles Gallé épouse Fanny Reinemer, fille d'un marchand de cristaux nancéien.

1846 - 4 mai Naissance à Nancy d'Emile Gallé.

1852 Charles Gallé obtient une médaille d'argent à l'Exposition de Luxembourg.

1855 Charles Gallé participe à l'Exposition Universelle de Paris. Mention honorable.

1860 Installation d'Auguste Majorelle à Nancy comme marchand de « meubles laqués ».

1861 Charles Gallé obtient une médaille d'argent à l'Exposition Universelle de Metz.

1865 Publication du *Programme de Nancy*, projet de décentralisation.

1867 Charles Gallé participe à l'Exposition Universelle de Paris. Mention honorable.

1870 Auguste Majorelle participe au Salon des Amis des Arts, Nancy.

1870-1871 Guerre franco-prussienne. Nancy occupé.

1876 Louis Hestaux entre chez Gallé comme dessinateur.

1878 Emile Gallé et Auguste Majorelle sont présents à l'Exposition Universelle de Paris. Jean Daum et son fils Auguste prennent la direction des Verreries de Nancy.

1879 Louis Majorelle succède à son père Auguste Majorelle. Marcelin Daigueperce devient concessionnaire de Gallé à Paris.

1882 Naissance de la revue *Nancy artiste* qui deviendra *La Lorraine artiste* en 1889.

1884 Emile Gallé récompensé de deux médailles d'or à l'Exposition de la Terre et du Verre à Paris. Eugène Vallin s'installe à son compte.

1885 Le japonais Takashima arrive à Nancy comme élève étranger à l'Ecole forestière. Il y reste jusqu'en 1888.

1886 Début de l'activité de la fabrique de meubles de Gallé.

1889 Emile Gallé, Louis Majorelle participent à l'Exposition Universelle de Paris. Gallé obtient un Grand Prix pour ses verreries, une médaille d'or pour la céramique et une médaille d'argent pour son mobilier.

1891 Emile Gallé expose au Salon de la Société nationale des Beaux-Arts pour la première fois ouvert aux objets d'art. Création par Antonin Daum de la section artistique des verreries de Nancy.

1893 Daum présente des pièces d'art à l'Exposition Universelle de Chicago. Les reliures de Victor Prouvé, Camille Martin et René Wiener font sensation au Salon du Champ de Mars à Paris. Jacques Gruber se fixe à Nancy.

1894 Mise à feu du four de la cristallerie Gallé à Nancy. Exposition d'art décoratif à Nancy. Le comité de l'exposition offre à la ville de Nancy des œuvres de Friant, Gallé, Guingot, Hestaux, Martin, Wiener, Prouvé pour constituer un musée d'art décoratif. Participation nancéienne à l'exposition *Pour l'Art* à Bruxelles. Le belge Henry Van de Velde reconnaît la présence d'un courant novateur à Nancy.

1895 Numéro de la revue parisienne *La Plume* consacré à « L'école lorraine d'art décoratif ».

1896 Emile Gallé est invité à exposer à la troisième exposition de La libre Esthétique à Bruxelles.

1897 Portail d'Eugène Vallin pour les ateliers d'ébénisterie de Gallé : « Ma racine est au fond des bois ».

1900 Gallé et ses collaborateurs, Daum, Majorelle et autres Nancéiens participent à l'Exposition Universelle de 1900. Charles Fridrich ouvre à Nancy la Maison d'art lorraine. Gallé prononce à l'Académie de Stanislas so discours de réception : « Le décor symbolique ».

1901 Constitution de l'Ecole de Nancy. Alliance provinciale des Industries d'Art. Gallé en est le président. Construction de la villa Majorelle par l'architecte parisien Henri Sauvage (→ 1902).

1902 Victor Prouvé se fixe à Nancy.

1903 Exposition de l'Ecole de Nancy au Pavillon de Marsan à Paris.

1904 Emile Gallé meurt de leucémie le 23 septembre. En octobre, inauguration à Nancy de l'exposition d'art décoratif organisée par la Société lorraine des amis des arts. En décembre, modification des statuts de l'Ecole de Nancy. Victor Prouvé en devient président.

1905 Exposition de peintres lorrains chez Majorelle à Paris, rue de Provence.

1906 « Comment la Lorraine travaille à l'œuvre de décentralisation » par E. Martin dans la *Revue lorraine illustrée*.

44

1908 Exposition lorraine à Strasbourg, à Munich. Parution à Paris des *Ecrits pour l'art* d'Emile Gallé.

1909 Exposition internationale de l'Est de la France, Parc Sainte-Marie à Nancy. Un pavillon spécial est construit par Eugène Vallin pour présenter l'Ecole de Nancy.

1914 Jacques Gruber s'installe à Paris.

1914-1918 Première Guerre mondiale, Nancy bombardé (1916-1918).

1923 Naissance du Comité Nancy-Paris : « le bureau des renseignements artistiques ».

1925 Pavillon de La Lorraine à l'exposition des Arts Déco.

1926 Décès de Louis Majorelle ; exposition à Nancy due au Comité Nancy-Paris. La présence d'œuvres surréalistes suscite le scandale et entraîne la dispersion du groupe.

1931 Fermeture de la « Société Anonyme des Etablissements Emile Gallé ».

POUR EN SAVOIR PLUS...

Alliance provinciale des industries d'art, Ecole de Nancy, statuts, Nancy, 1901.

BLOCH-DERMANT J., *L'art du verre en France, 1860-1914*. Lausanne, 1974.

BLOCH-DERMANT J., *Le verre en France d'Emile Gallé à nos jours*. Paris, 1986.

BLONDEL N., CHOUX J., HEROLD M., ROUSSEL F., COLEY C., CLAUDE H., *Le vitrail en Lorraine du XIIe au XXe siècle*, Nancy, 1983.

BOUVIER R., *La villa Majorelle*, Nancy, 1986.

CHARPENTIER F. Th., LOYER F., COLEY C., GROUSSARD J.C., ROUSSEL F., *Nancy architecture 1900*, Nancy, 1976.

CHARPENTIER F. Th., *Emile Gallé, industriel et poète*, 1846-1904, Nancy, 1978.

CHARPENTIER F. Th., HEROLD M., *Le vitrail*, musée de l'Ecole de Nancy, 1981.

CHARPENTIER F. Th., *Le musée de l'Ecole de Nancy, guide*, Nancy, 1982.

CHARPENTIER F. Th., *Louis Hestaux, collaborateur de Gallé*, musée de l'Ecole de Nancy, Nancy, 1982.

CHARPENTIER F. Th., HUSSON Ph., PONTON B., *La céramique de Gallé*, musée de l'Ecole de Nancy, Nancy, 1984.

CHARPENTIER F. Th., HUSSON Ph., PONTON B., *Le cuir*, musée de l'Ecole de Nancy, Nancy, 1985.

CHARPENTIER F. Th., THIÉBAUT Ph., *Emile Gallé*, musée du Luxembourg, Paris, 1985.

CHARPENTIER F. Th., DEBIZE C., HEROLD M., PONTON B., ROTH Fr., THIÉBAUT Ph., *Art Nouveau, l'Ecole de Nancy*, Denoël-Serpenoise, Paris, 1987.

DAUM N., *Daum, maîtres-verriers*, Lausanne, 1980.

DIERKENS-AUBRY F., ROUSSEL F., COLEY C., *Jacques Gruber, ébéniste et maître verrier*, 1871-1936, Bruxelles, 1981.

DUNCAN A., BARTHA G. de, *Glass by Emile Gallé*, Londres, 1985.

FOURCAUD L. de, *Emile Gallé*, Paris, 1903.

GALLÉ E., *Ecrits pour l'art. Floriculture, art décoratif, notices d'exposition (1884-1889)*, Paris, 1908. Laffitte Reprints, Marseille, 1980.

GARNER P., *Emile Gallé*, Londres, 1976.

NICOLAS E., *L'art décoratif lorrain et l'Ecole de Nancy*, Nancy, 1917.

Nouvelles constructions de Nancy. Recueil de façades de style moderne édifiées à Nancy, Paris, 1906.

PERTUY J. et M., *Les orchidées dans l'Ecole de Nancy*, Nancy, 1984.

PETRY C., ROCHEBOUET B. de, « Daum au Musée des Beaux-Arts de Nancy ». *L'objet d'art*, 1987.

PROUVÉ M., *Victor Prouvé*, Nancy, 1958.

ROUSSEL F., *Le vitrail civil art nouveau, art. déco. à Nancy*. Tokyo, 1985.

SCHMOLL J.A., *Nancy 1900. Jugendstil in Lothringen zwischen Historismus und Art Déco*. München Stadtmuseum, Munich, 1980.

ACTEURS ET ARTISTES DE L'ÉCOLE DE NANCY

A

ANDRÉ ÉMILE
(1 8 7 1 - 1 9 3 3)

Issu d'une lignée nancéienne mêlée depuis un siècle aux métiers du bâtiment. Son père, l'architecte départemental Charles André (1841-1928) organisa la première exposition d'art décoratif moderne à Nancy en 1894. Emile André étudie l'architecture dans l'atelier Laloux à l'Ecole des Beaux-Arts de Paris. Il voyage en Egypte, aux Indes, en Perse (mission archéologique de Morgan), en Tunisie et en Italie.

A partir de 1901, il participe aux activités de l'Ecole de Nancy avec des projets et des réalisations architecturaux très diversifiés. Selon le principe de « l'unité de l'art », il ne dédaigne pas de donner maquettes de meubles, dessins de ferronneries. Il apparaît soucieux de lier la force de la tradition à la dynamique des recherches nouvelles (cf. le parc de Saurupt).

Père et fils sont membres du Comité directeur de l'Alliance (1901).

B

BENTZ LUCIEN
(1 8 6 6 - ?)

Carrière officielle qui le conduit de l'Ecole Centrale des arts et manufactures (1885), l'Ecole des Beaux-Arts de Paris (1887) au poste de professeur d'architecture à l'Ecole municipale et régionale des Beaux-Arts de Nancy.

Diplômé en 1894, plusieurs fois médaillé et récompensé avant 1900, il adapte, pour certains projets, un parti Ecole de Nancy, limité essentiellement au décor floral plaqué sur les zones-clés de la façade. L'intérêt pour l'art nouveau répond davantage à la mode qu'à des convictions profondes ; néanmoins le caractère ouvert de son enseignement a permis de sensibiliser les étudiants au vocabulaire décoratif moderne.

BERGE HENRI
(1 8 7 0 - 1 9 3 7)

Elève de Jules Larcher à l'Ecole des Beaux-Arts de Nancy, il succède à Gruber chez Daum pour orienter la décoration. C'est là qu'il rencontre Amalric Walter auquel il fournit nombre de modèles pour des pâtes de verre.

L'essentiel de sa carrière est voué aux arts plastiques : il est l'auteur d'innombrables publicités, menus ornés, ... imprimés chez Albert Bergeret, puis aux Arts graphiques modernes. Ses vitraux sont mieux connus que sa peinture décorative. Professeur de dessin avant 1914 à l'école Loritz qui dispense un enseignement professionnel. Membre du Comité directeur de l'Alliance.

Henri Bergé : verrière « La lecture » (?). Vers 1900. M.E.N.

BERGERET ALBERT

(1 8 5 9 - 1 9 3 2)

Après des débuts comme simple apprenti dans une maison d'arts graphiques parisienne (1884), il vient deux ans plus tard implanter et diriger la phototypie d'une imprimerie nancéienne. En 1898, il crée sa propre entreprise et lance la carte postale illustrée. Celle-ci connaît un immense succès. En 1902, Lucien Weissenburger construit une usine modèle employant 250 personnes dont la production atteint 300 000 cartes par jour. Cette rapide ascension s'exprime brillamment dans le luxueux hôtel particulier que l'imprimeur se fait édifier par Weissenburger rue Lionnois, à proximité de ses ateliers (1903-1904). Le principe de l'union des arts et l'Ecole de Nancy y triomphent grâce au talent de Gruber, Janin, Majorelle et Vallin. En 1905, Bergeret fusionne les deux plus importantes maisons de la place et crée un grand complexe de 400 ouvriers au rayonnement national : Les Imprimeries réunies.
Membre du Comité directeur de l'Alliance.

BIET GEORGES

(1 8 6 8 - 1 9 5 5)

Fils d'un architecte, il apparaît sensible aux expériences innovantes conduites par les ingénieurs : utilisation, selon les procédés industriels, du métal des aciéries de Pompey pour la guinguette Trianon (vers 1902-1903) puis recours au ciment armé pour l'hôtel Jacob-Chapellu, construit avec Eugène Vallin en 1906. Unis par le même intérêt pour le Moyen Age et le bel ouvrage artisanal, les deux hommes collaborent, d'ailleurs, à plusieurs reprises. Bien qu'architecte des Hospices de la ville, il semble avoir surtout construit des maisons particulières. Discret et modeste, il paraît s'être peu intéressé à l'action associative de l'École de Nancy.

BOURGON CHARLES-DÉSIRÉ

(1 8 5 5 - 1 9 1 5)

Issu d'une famille de constructeurs, après son passage à l'Ecole des Beaux-Arts de Paris dans l'atelier de Jules Gua-

det, il conduit une carrière officielle particulièrement remplie. Architecte favori de la bourgeoisie lorraine qui lui commande châteaux (Tantonville, Sampigny) et luxueux hôtels particuliers (hôtel Lang, hôtel Tourtel) il pratique un éclectisme de qualité. Souvent récompensé (médaille d'argent pour ses groupes scolaires à l'Exposition Universelle de 1889, grande médaille d'or de l'architecture privée en 1902...), il est architecte en chef du département depuis 1900 et président de la Société des architectes de l'Est. C'est sans doute à ce titre qu'il figure parmi les membres du Comité directeur de l'Ecole de Nancy. Vers 1900-1902, il manifeste dans certains de ses projets (une cheminée de salle à manger, rue des Bégonias) quelque inclinaison pour le motif floral art nouveau combiné, il est vrai, à la référence XVIIIe siècle.

BUSSIÈRE ERNEST

(1 8 6 3 - 1 9 1 3)

Issu d'une famille modeste installée à Nancy en 1869, il semble gagner sa vie chez Majorelle tout en suivant les cours de l'école municipale de dessin. Boursier, il est admis à l'École nationale des Beaux-Arts de Paris en 1882 où il fait ce rapides progrès. De retour à Nancy en 1890 et concurremment à une importante activité de statuaire, il travaille pour les arts décoratifs. Il sculpte à nouveau pour Majorelle, modèle diverses céramiques cuites à Lunéville chez Keller et Guérin. Ses vases « flammés » et le plâtre pour le médaillon de Takashima évoquent assez bien les deux aspects de sa brève carrière.
Membre du Comité directeur de l'Alliance.

C

CHARBONNIER PAUL

(1 8 6 5 - 1 9 5 3)

Personnalité méconnue dont la présence au sein du Comité directeur de l'Ecole de Nancy ne se justifie pas uniquement par sa fonction d'architecte des Monuments historiques.

Sa formation au sein de l'atelier Laloux et André l'a sensibilisé aux références historiques ainsi qu'aux excès de l'éclectisme. Il satisfait aussi bien la commande publique que privée. Son langage, trop peu épuré, est parfois critiqué mais le caractère néo-gothique de certains de ses projets ressort avec originalité et valeur dans le milieu architectural nancéien. Sur les façades des maisons particulières art nouveau, le décor végétal frappe moins que la solide articulation des volumes, la vigueur de la composition. Le meilleur de son œuvre est issu de ses collaborations avec Emile André.

CORBIN J.B. EUGÈNE
(1 8 6 7 - 1 9 5 2)

Fils d'Antoine Corbin (1835-1901), le fondateur des Magasins Réunis dont les affaires et la fortune grandissent au rythme de la croissance de la cité, Eugène Corbin manifeste une haute curiosité pour tous les mouvements de la vie contemporaine. Sportif, il se passionne pour l'automobile, les ascensions en ballon libre et l'aviation ; voyageur, il parcourt l'Egypte et l'Abyssinie vers 1900. Mais surtout, il se lie avec les artistes et écrivains de sa génération, et achète tout ce qui concerne l'art en Lorraine, des estampes de Callot aux toiles de Prouvé, évoluant même pendant la guerre vers le cubisme puis, par la suite, vers l'art déco.

La construction des nouveaux Magasins Réunis vers 1905 est l'occasion de faire travailler nombre d'artistes de l'Ecole de Nancy : Weissenburger, Majorelle, Prouvé, Gruber, Daum, Bussière, Guingot, Finot et Cayette. En 1909 il fonde la luxueuse revue *Art et Industrie* et en 1936, il fait une très importante donation d'œuvres de l'Ecole de Nancy, noyau essentiel de l'actuel musée, installé dans sa propriété cédée à la ville en 1955.

D

DAUM ANTONIN
(1 8 6 4 - 1 9 3 0)

Fils de Jean Daum, notaire à Bischwiller (1825-1885), acquéreur en 1878 de la verrerie Sainte-Catherine au bord de la faillite, Antonin Daum devient proprié-taire du fonds avec son frère Auguste (1853-1909) juriste, en 1891.

Ingénieur de formation, il s'essaie au décor floral dès 1890 et décide de l'orientation artistique d'une section de la fabrication. Sous son impulsion et grâce aux collaborations successives de Jacques Gruber, Henri Bergé et Emile Wirtz, l'entreprise progresse rapidement. Le brevet de la décoration intercalaire à grand feu, les applications d'un procédé nouveau dans la vitrification des poudres sur la création de vases et de lampes de grande taille, les vases « moulés » et les « jades », le développement de la pâte de verre à l'arrivée d'Amalric Walter affirment rapidement l'originalité et la qualité d'une production fréquemment récompensée dans les manifestations internationales.

Vice-président de l'Ecole de Nancy à sa fondation, Antonin Daum joue un rôle capital lors de l'Exposition internationale de l'Est de la France à Nancy en 1909. Il assure après 1918 l'adaptation de la maison aux nouvelles conditions de production dans un remarquable effort de création qui se poursuit encore de nos jours.

DELATTE ANDRÉ
(1 8 8 7 - 1 9 5 3)

Vocation de verrier qui s'éveille au contact des frères Muller. Il s'initie au travail du verre dans le nord de la France puis à Gironcourt. En 1912 il crée, au Faubourg-des-Trois-Maisons, à Nancy, son propre atelier de décoration sur verre dans lequel on décore sur ses indications des formes réalisées chez les frères Muller. En 1921, il transfère l'atelier de décoration rue de Metz avec des ouvriers transfuges de Daum. Un premier four est construit et la verrerie des Trois Maisons est réservée pour le travail à chaud. Période de la « Verrerie d'Art, Delatte Nancy ».

Courant 1926, la création d'une nouvelle société, quai Ligier-Richier à Nancy, permet d'aborder une production plus large et variée dans des ateliers modernes. Une soixantaine de personnes y travaillent. Paul Maheux, le principal artiste-décorateur, fournit les modèles. L'usine ferme en 1933, victime de la crise économique.

Delatte prolonge, après la Première Guerre mondiale, le succès de l'esthétique art nouveau, en particulier dans le secteur des appareils d'éclairage électrique, alors en plein développement. Maître de la gravure à l'acide.

F

FINOT ALFRED
(1 8 7 6 - 1 9 4 6)

Après un passage à l'Ecole des Beaux-Arts de Nancy, cet élève boursier entre en 1895 dans l'atelier de Barrias à l'Ecole nationale des Beaux-Arts de Paris. Sculpteur talentueux, il reçoit commande de nombreux bustes et médailles de célébrités locales mais il exécute aussi des œuvres plus ambitieuses de facture classique telle *La Jeunesse passe*, un groupe en bronze présenté à l'exposition nancéienne des arts décoratifs de 1904. Il travaille également pour la commande funéraire (monument Corbin) et participe à d'importantes réalisations monumentales, ainsi le monument Sellier dans le parc de la Pépinière ou les reliefs en bronze dédiés à Mercure et à l'Industrie qu'il réalise pour les façades des Magasins Réunis (vers 1906). Statuettes, vases, vide-poches, jardinières aux lignes harmonieuses sont édités en grès par Mougin et en bronze par Séverin Ronga, un fabricant de bijoux de Nancy.

Membre du Comité directeur de l'Alliance.

FRIANT ÉMILE
(1 8 6 3 - 1 9 3 2)

Sérieux apprentissage à l'Ecole municipale des Beaux-Arts, expose dès 15 ans au Salon local. Boursier, il continue ses études à Paris dans l'atelier d'Alexandre Cabanel et s'enthousiasme pour le jeune peintre naturaliste meusien Jules Bastien Lepage (1848-1884).

Emile Friant : « La douleur ». 1898. Nancy, musée des Beaux-Arts.

Remarqué dès 1882 au Salon de Paris, second prix de Rome à 20 ans, il reçoit de nombreuses commandes de portraits et remporte un grand succès en 1889 à Paris avec *La Toussaint* acquise par l'Etat pour le musée du Luxembourg. Il voyage en Hollande, Italie, Tunisie. Sa production est abondante et sa carrière aisée — il reçoit la Légion d'honneur à 26 ans —, partagée entre Nancy et Paris. En 1906, il devient professeur à l'Ecole nationale des Beaux-Arts et, en 1929, il entre à l'Institut.

Il s'était inscrit au nombre des membres de l'Ecole de Nancy, ayant collaboré dans sa jeunesse à la décoration des meubles de Majorelle.

FRIDRICH CHARLES
(1 8 7 6 - 1 9 6 2)

Ce fils d'un marchand tapissier fonde, en 1900, à Nancy et à Paris, la Maison d'Art Lorraine dont le but est de « favoriser l'expression de l'art moderne ». Des concours et des expositions sont organisés afin de stimuler la création locale, mais Charles Fridrich s'intéresse plus spécialement à la décoration des tissus et tentures d'appartement. A cette fin, il utilise avec adresse les nouvelles possibilités offertes par la chimie ou la machine pour la fixation de décors essentiellement végétaux relevant d'un japonisme bien assimilé. (Récompenses à Turin et Marseille en 1902).

Cet aspect de son activité survit aux difficultés qui entraînent dès 1903 la fermeture d'une « maison d'art » plus riche de fournitures (meubles de Camille Gauthier, productions de Victor Prouvé) que de clients potentiels.

Membre du Comité directeur de l'Alliance.

G

GALLÉ CHARLES
(1 8 1 8 - 1 9 0 2)

Fils d'un officier de l'Empire et de la Restauration, fixé à Nancy en 1845 par son mariage avec Fanny Reinemer, il y apporte sa double expérience de peintre sur porcelaine à Paris et de voyageur de commerce. Il s'associe à sa belle-mère, veuve depuis 1844 d'un miroitier et marchand de cristaux puis dirige seul l'affaire à partir de 1859. En 1874, le négociant cède la direction du magasin à son beau-frère Henri Dannreuther, auparavant marchand de porcelaines et cristaux à Colmar et ayant opté pour la nationalité française après le traité de Francfort.

Charles Gallé collabore étroitement avec son fils qui lui succède à la direction de l'entreprise en 1877. Comme Auguste Majorelle, il avait envoyé des objets à l'exposition de la Société des Amis des Arts. Il avait aussi obtenu le brevet envié de fournisseur de l'Empereur.

Camille Gauthier : mobilier présenté par la Maison d'art lorraine à l'exposition de Besançon. 1902.

GALLÉ ÉMILE
(1 8 4 6 - 1 9 0 4)

Solide éducation classique, prolongée d'un séjour à Weimar (1865-1866). Dès l'enfance, il se familiarise avec la céramique, la verrerie, leurs décors mais aussi avec les plantes par la pratique de l'herborisation. Il collabore avec son père qu'il avait aidé dès 1867, puis succède à la tête de son affaire en 1877 continuant avec les mêmes maisons une collaboration féconde : Saint-Clément jusqu'en 1878, puis Raon-L'Etape pour la céramique, Meisenthal pour la verrerie jusqu'en 1895. En 1885, il fonde un atelier d'ébénisterie et en 1894, également à Nancy, sa propre cristallerie.

Reconnu comme précurseur en France dès 1884 à l'Exposition parisienne de la Terre et du Verre, célèbre à partir de l'Exposition Universelle de 1889 il ne cesse ni la recherche technique, ni les variations sur les thèmes décoratifs. Meurt d'une leucémie.

Fondateur et premier président du Comité directeur et de l'Association de l'Ecole de Nancy.

GAUTHIER CAMILLE
(1 8 7 0 - 1 9 6 3)

Elève à l'Ecole municipale des Beaux-Arts puis grâce à une bourse de la ville à l'Ecole des Arts Décoratifs de Paris où il reste de 1891 à 1894 inclus, bien noté de ses professeurs. Passage dans l'atelier de Majorelle de 1896 à 1900 environ puis installation à son compte grâce à l'aide financière de Poinsignon.

Les ateliers montés en 1901 boulevard de Scarpone et son hôtel particulier témoignent d'une réussite rapide selon l'exemple du Belge Serrurier-Bovy : son mobilier, destiné aux classes moyennes, est primé à Paris en 1905.

Orientée vers la quantité, la production n'en sacrifie pas moins à la mode naturaliste. Essor confirmé au lendemain de la Première Guerre mondiale où il faut répondre à de nombreux besoins, la production de série s'imposant de plus en plus.

GRUBER JACQUES
(1 8 7 0 - 1 9 3 6)

Etudes à l'Ecole municipale des Beaux-Arts puis à Paris à partir de 1889 à l'Ecole des Arts Décoratifs et des Beaux-Arts grâce à une bourse municipale. De retour à Nancy en 1893, enseigne à son tour à l'Ecole des Beaux-Arts et crée pour Daum des décors de vase. Il s'intéresse à toutes les techniques des arts décoratifs, celle du bois, du cuir, fournissant des modèles exécutés par des artisans avant de se consacrer essentiellement au vitrail vers 1900. Son activité de peintre verrier devient alors considérable. Sa fréquente haute qualité, une manière très affirmée la rendent particulièrement représentative des réussites du mouvement nancéien dans ce domaine.

Sans rompre avec Nancy, il s'installe à Paris en 1914 et se renouvelle au contact de l'art déco. La période s'avère même très féconde.

GUILLAUME VICTOR

(1 8 8 0 - 1 9 4 2)

Compagnon-sculpteur chez Eugène Vallin, Guillaume est animé vers 1905 par l'idéal de beauté sociale dont Victor Prouvé se fait l'ardent propagateur. Pourtant les objets qu'il crée relèvent d'un artisanat désormais désuet. Vers 1912, alors que d'autres artisans se bercent d'illusions en tentant de maintenir des productions inadaptées, il abandonne l'art décoratif pour se consacrer à la peinture en autodidacte. Cet homme de la terre trouve chez Cézanne solidité et densité, une vision architecturée servie par l'économie des moyens plastiques qui répond à son intérêt primordial pour le volume. Par ailleurs, il incarne bientôt la critique d'art la plus pertinente de l'entre deux guerres. Cette activité reste toujours liée au souvenir de l'Ecole de Nancy, un moment d'exaltation et d'enthousiasme que, débarrassé de tout sentiment nostalgique, il espère voir renaître à travers l'effort moderne des années 20.

GUINGOT LOUIS

(1 8 6 4 - 1 9 4 8)

Né dans une famille de peintres et de musiciens établie à Remiremont dans les Vosges — son père y tient un magasin de fournitures pour artistes — il fait ses études à l'Ecole des Beaux-Arts et à l'Ecole des Arts Décoratifs de Paris. Installé à Nancy vers 1895, il participe au mouvement Ecole de Nancy et figure parmi les membres de son Comité directeur. Cet artiste mineur pratique la reliure, la peinture et exécute de nombreux travaux décoratifs en Lorraine. Bientôt spécialiste des étoffes peintes qu'il exécute selon un procédé de coloriage de son cru, il est surtout connu pour avoir été l'inventeur probable du camouflage pendant la guerre 1914-1918.

GUTTON HENRI

(1 8 5 1 - 1 9 3 3)

Ancien élève de l'Ecole polytechnique et de l'Ecole des Beaux-Arts, de retour à Nancy en 1876. Très compétent sur les programmes nouveaux, il s'intéresse aussi aux problèmes du développement urbain et de l'habitat social. Ses convictions rationalistes expliquent sa participation à l'Ecole de Nancy. La graineterie Genin-Louis (1901) en constitue l'exemple le plus accompli. Il construit également plusieurs maisons particulières dans le goût moderne avec son associé Joseph Hornecker (parc de Saurupt). Il abandonne l'architecture en 1907 pour se consacrer en tant qu'ingénieur au problème des transports dans les Vosges.

GUTTON HENRY

(1 8 7 4 - 1 9 6 3)

Neveu du précédent. Issu de l'atelier Laloux et médaille d'or à l'Exposition Universelle de 1900, il a également participé au mouvement Ecole de Nancy entre 1901 et 1905. Animé par un puissant idéal social, il collabore avec Emile André au projet d'organisation du parc de Saurupt (1901) puis crée quelques pièces de mobilier.

A partir de 1905, Eugène Corbin lui confie la construction et l'aménagement des Magasins Réunis à Paris, le siège social, rue de Turenne mais surtout le Grand Bazar de la rue de Rennes, son chef-d'œuvre construit en 1906.

Membre du Comité directeur de l'Alliance.

H

HESTAUX LOUIS

(1 8 5 8 - 1 9 1 9)

Venu de Metz pour échapper à la domination germanique et malgré une formation limitée au cours du soir de l'école municipale de dessin de Nancy, il est depuis 1876 le plus important des collaborateurs de Gallé. Son instinct de décorateur, un sentiment très fin de la nature caractérise nombre des modèles d'objets d'art.

Il crée aussi librement pour lui-même et expose à la Société lorraine des amis des arts : aquarelles, dessins et à Paris, à la Société nationale des beaux-arts des objets où le bois est travaillé de manière personnelle et remarquable. Comme Camille Martin, il a été très influencé par la découverte des arts du Japon.

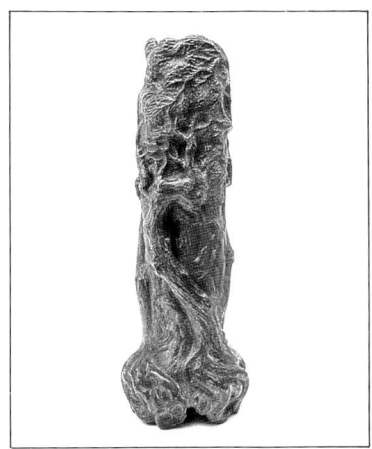

Louis Hestaux : vase en bois présenté dans le pavillon de l'Ecole de Nancy en 1909. c.p.

sort diplômé en 1899. Il commence sa carrière nancéienne chez l'architecte et polytechnicien Henri Gutton avec qui, il réalise vers 1904-1906 des hôtels particuliers et quelques villas du parc de Saurupt. Sa brève période art nouveau ouvre sur une expression proche du régionalisme mais la tradition l'emporte dans la reconstruction du théâtre. Il a également réalisé la succursale des Magasins Réunis à Epinal.

Joseph Hornecker : projet pour les Magasins Réunis d'Epinal. 1908-1909. M.E.N.

HIRSCH HENRY
(1 8 6 0 - 1 9 4 4)

Fils cadet d'un fabricant de papier peint d'origine alsacienne, il apparaît très tôt familier de l'art décoratif et attiré par la « nouveauté ». Magistrat, il est nommé dans différentes villes de province mais se rend régulièrement à Paris où il découvre les œuvres d'Emile Gallé à l'Exposition Universelle de 1889. C'est une véritable révélation et désormais il va suivre les créations du Nancéien au-delà des modes et des engouements passagers. D'un goût raffiné et subtil, il constitue une collection précieuse de verreries et de mobilier. Les liens d'amitié se développant avec Gallé ; il devient à l'occasion son pourvoyeur d'adresses. Dix-huit de ses verreries et le célèbre lit « Aube et Crépuscule » (1904) sont aujourd'hui exposés au Musée de l'Ecole de Nancy tandis que « La vitrine aux Libellules » (1904) est présentée au Musée d'Orsay à Paris.

HORNECKER JOSEPH
(1 8 7 3 - 1 9 4 2)

Cet architecte d'origine alsacienne fait ses études dans l'atelier Pascal à l'Ecole nationale des Beaux-Arts de Paris d'où il

J

JANIN JOSEPH
(1 8 5 1 - 1 9 1 0)

JANIN GEORGES
(1 8 8 4 - 1 9 5 5)

En 1896, Joseph Janin peintre sur verre formé chez Maréchal à Metz rachète un important atelier nancéien : celui de Victor Höner dont la production éclectique est abondante et renommée. Son fils Georges qui a fait ses études à l'Ecole des Beaux-Arts de Nancy travaille à ses côtés à partir de 1905 puis quatre ans plus tard crée son propre atelier. L'un et l'autre assurent la pérennité des habitudes techniques du XIXe siècle mais, suivant la mode, ils réalisent également des verrières civiles dans le goût art nouveau vers 1904. Leur approche du floral est sans sophistication, presque stylisée, aux antipodes des compositions mystérieuses et raffinées de Jacques Gruber. La recherche de la clarté et d'un effet décoratif immédiat prime sur la profondeur de l'inspiration.

*Joseph Janin : verrière à décor de paon.
Vers 1905. Hôtel Bergeret, 24, rue Lionnois, Nancy.*

En 1912, Georges Janin s'associe à
Joseph Benoit, un ancien associé de son
père, les deux ateliers faisant scission dix
ans plus tard du fait même de la surabon-
dance de travail liée à la reconstruction
de l'après-guerre.

M

MAJORELLE AUGUSTE

(1 8 2 5 - 1 8 7 9)

Praticien des arts du cuir, de la terre et
du bois, il s'occupe aussi d'un commerce
d'objets d'art à Toul, puis à Nancy en
1860. Ses céramiques et ses meubles figurent au Salon de la Société des amis des
arts, les premiers dès 1868, les seconds en
1874. Admission et récompense à l'Exposition Universelle de 1878 à Paris précè-
dent de peu sa brutale disparition.

MAJORELLE LOUIS

(1 8 5 9 - 1 9 2 6)

Le décès de son père interrompt ses
études à l'Ecole des Beaux-Arts de Paris et
tandis que la partie commerciale échoit à
sa mère puis à son frère Jules, il choisit
modèles et décors faisant appel à ses

camarades Emile Friant, Camille Martin
pour continuer la pratique paternelle des
meubles peints et laqués, de goût rocaille
ou japonisant.

En 1894, le décor marqueté d'inspiration naturaliste remplace avec succès le
décor peint. Le progrès des affaires suscite transfert et agrandissement des ateliers en 1898. S'ouvre la période de création des plus beaux meubles (1900-1910).
Le transfert en 1904 de son antenne parisienne de la rue de Paradis à la Maison
d'Art nouveau achetée à Bing, rue de
Provence, facilite la vente et l'adaptation
aux modes stylistiques nouvelles. Les meubles plus courants sont fabriqués dans les
ateliers confiés à Pierre Majorelle à
Bouxières (hors Nancy) en 1905. Louis fait
montre d'une remarquable adaptation
aux conditions nouvelles amorcées dès
avant 1914. Membre du jury à l'exposition
de 1925 à Paris. Production continuée par
ses frères avec l'aide du dessinateur Alfred Levy.

Vice-président du Comité directeur de
l'Alliance.

MARTIN CAMILLE

(1 8 6 1 - 1 8 9 8)

*Camille Martin : Harmonie du soir, étude
pour un portefeuille. 1892. M.E.N.*

Entré en 1875 à l'école municipale de dessin, l'obtention en 1881 du prix Jacquot lui permet de continuer ses études à l'Ecole des Arts Décoratifs de Paris. Sa soif de connaître, son indépendance d'esprit le conduisent en Islande (1888) puis en Egypte (1890). Il meurt à 37 ans alors qu'il projette un voyage au Japon.

Sans l'absorber totalement, les créations d'art décoratif restent l'essentiel de son activité artistique. Il pratique avec talent de nombreuses techniques : décors vernis pour Majorelle, l'estampe et la reliure, les émaux sur cuivre, le vitrail... Il est l'un des premiers sensible aux leçons de l'art japonais et ami de Takashima, Japonais élève à l'Ecole forestière à Nancy en 1885-1888.

M A R X   R O G E R

(1 8 5 9 - 1 9 1 3)

Ce cousin des Wiener s'installe à Paris en 1883 et se fait rapidement une place dans la critique d'art, introduit par une étude sur L'art à Nancy en 1882 et l'appui d'un autre cousin Adrien Marx, du *Figaro*. Bientôt remarqué par Clemenceau, il entre dans l'administration des beaux-arts, devient inspecteur des Musées de province et participe à l'organisation de la rétrospective de l'art français des Expositions Universelles de 1889 et 1900.

Il continue à donner des articles à *Nancy-Artiste*, devenu *Lorraine Artiste* en 1889, facilite les commandes de ses amis nancéiens : Friant, Prouvé, Martin et favorise un climat d'ouverture par sa précoce familiarité avec les milieux artistiques et intellectuels de la capitale. Animé par la conviction de l'art social, il soutient ardemment son ami Emile Gallé et lutte pour le décloisonnement arts majeurs-arts mineurs. Sa collection comprenait des verreries de Gallé, des pâtes de verre de Cros, des céramiques de Chaplet, Carries, Delaherche mais aussi des œuvres de Degas, Manet, Monet, Gauguin, Renoir, Bonnard, Vuillard, Rodin, Toulouse Lautrec...

M E I X M O R O N
C H A R L E S   D E

(1 8 3 9 - 1 9 1 2)

Industriel et « peintre amateur », il joue avec simplicité et efficacité un rôle de premier plan dans la vie artistique et intellectuelle nancéienne. Il prend une part très active à la vie de la Société des amis des arts comme de l'Académie de Stanislas où son esprit ouvert et sa culture entretiennent un ferment de rénovation. Introducteur des impressionnistes aux Salons nancéiens (1876, 1884, 1888) et classé lui-même comme tel lors de son admission à l'Académie de Stanislas en 1887. Il y reçoit à son tour Gallé en 1900, tous deux appartenant à cette école qui, malgré la différence des techniques, exprime d'abord la sensation.

M O U G I N   J O S E P H

(1 8 7 6 - 1 9 6 1)

Apprentissage à Nancy chez le statuaire Arthur Pierron et à l'Ecole des Beaux-Arts où il remporte un prix de dessin et de modelage. En 1894, il rentre dans l'atelier du sculpteur Barrias à l'Ecole nationale des Beaux-Arts de Paris mais une exposition de grès de Carriés lui révèle sa vraie vocation : celle de céramiste.

Malgré une initiation scientifique à la Manufacture de Sèvres, il connaît plusieurs échecs en 1896 et 1898. L'année 1900 constitue un tournant avec la rencontre de Victor Prouvé et des achats officiels au Salon de ses émaux grand feu rehaussés d'éléments décoratifs modelés

Joseph Mougin : « Aubergine », céramique, support en bronze doré de Victor Prouvé. 1900. M.E.N.

sur le grès. Avec son frère Pierre, il rejoint l'Ecole de Nancy. Pièces modelées par Joseph à exemplaire unique dont le décor emprunte souvent à la nature ou exécution de modèles créés par Prouvé, Wittmann, Finot, édités à plusieurs exemplaires.

Après la guerre, le four éteint, repli aux faïenceries de Lunéville où Joseph accepte de créer un atelier d'éditions d'art. Présence de Pierre. Pièces reproduites par moulage sur des modèles créés par Condé, Goor, Ventrillon. Grand prix de la céramique à l'Exposition des arts décoratifs de 1925.

LES FRÈRES MULLER

(ACTIFS DE 1895 À 1952)

Très jeunes, les aînés des dix enfants Muller font leur apprentissage à la cristallerie de Saint-Louis. Ce sont donc déjà des gens de métier lorsque en 1885, Désiré et Eugène, bientôt suivis par Victor et Pierre viennent à Nancy et travaillent dans les ateliers de Gallé. A la fin du siècle, la famille s'installe à Lunéville dans un atelier où on décore des verres soufflés selon leurs directives à la gobeletterie de Croismare. Faune et flore mises à la mode par l'Ecole de Nancy constituent l'essentiel d'un décor bientôt essentiellement gravé à l'acide. En 1910, Désiré part à la cristallerie belge de Val-Saint-Lambert pour mettre au point la technique de la fluogravure.

Après la guerre « Muller Croismare près Nancy » devient « Muller frères Lunéville » c'est-à-dire un important complexe de production comptant plus de 300 personnes à Croismare, une centaine d'autres à Lunéville. Ils produisent d'énormes quantités de verrerie et lustrerie en verre doublé puis pressé-moulé, utilisent à satiété le décor floral et exportent beaucoup vers les Etats-Unis mais les conséquences de la crise de 1929 vont ruiner l'entreprise.

N

NICOLAS ÉMILE

(1 8 7 1 - 1 9 4 0)

Il mène parallèlement à sa profession de greffier, une intense activité de critique

d'art dans la presse et les revues locales. Membre du Comité directeur de l'Ecole de Nancy et frère du décorateur sur verre Paul Nicolas, il défend avec enthousiasme l'idée du foyer de création régional qui triomphe après la mort de Gallé. Sa passion pour la botanique — il est responsable à l'Ecole des Beaux-Arts d'un cours de botanique appliquée à la décoration — le conduit toujours à privilégier une vision morphologique de l'art nouveau dont il réduit les œuvres à des structures directement « décalquées » à partir des organismes végétaux. Ce point de vue, sincère et exclusif, exprimé dans de nombreux articles, a orienté jusqu'à nos jours la perception et la compréhension de nombre d'œuvres des créateurs nancéiens.

NICOLAS PAUL

(1 8 7 5 - 1 9 5 2)

Au sortir de l'Ecole des Beaux-Arts, il apprend chez Gallé les techniques de la verrerie (pose de l'émail, gravure à l'acide, à la roue). Familiarisé dès l'enfance avec les plantes il devient dessinateur sous la direction de Louis Hestaux qu'il assiste de 1904 à 1914 dans la conception et l'exécution des produits livrés par la fabrique après la mort de Gallé.

Etabli à son compte en 1919, tout en collaborant avec Saint-Louis qui lui fournit « les blancs » il a sa propre production et emploie jusqu'à 14 ouvriers. Peu après 1930, il doit les renvoyer et continue d'exécuter seul des cristaux d'art luttant de plus en plus difficilement contre la production de série à bon marché. S'adapte à la « géométrie » et maintient jusqu'à la Seconde Guerre mondiale la haute qualité d'exécution du décor sur verre.

P

PROUVÉ VICTOR

(1 8 5 8 - 1 9 4 3)

Né dans le milieu des dessinateurs en broderie, il étudie à l'école ce dessin à Nancy puis à Paris grâce à une bourse municipale. Le prix du Salon lui vaut en 1888 et 1890 un séjour tunisien. Il réside à

Paris jusqu'en 1902 mais sans cesser de participer à la vie artistique nancéienne, exposant au Salon des amis des arts et bénéficiant de nombreuses commandes, en particulier de portraits (celui de Gallé en 1892). Une vocation authentiquement manuelle le fait participer tout naturellement aux multiples aspects des recherches d'art décoratif. Peintre, il est aussi sculpteur, graveur, travaille le cuir et le métal, donne des dessins de broderie et de bijoux après avoir, dès 1889, fourni des modèles à Emile Gallé pour l'Exposition Universelle.

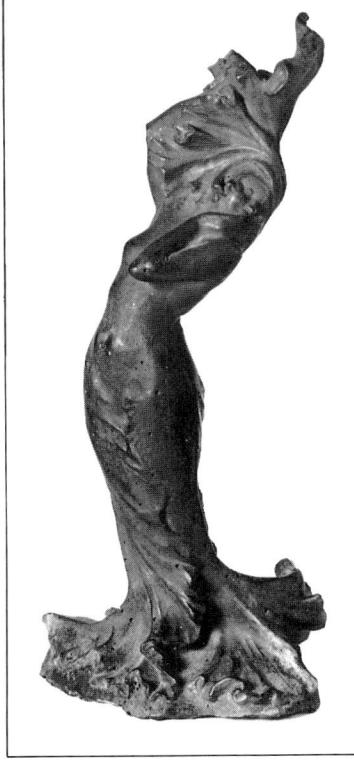

Victor Prouvé : « Fille fleur », céramique de Mougin. M.E.N.

Président de l'Alliance provinciale des industries d'art après le décès de Gallé (1904). Nommé directeur de l'Ecole des Beaux-Arts de Nancy en 1919.

T

TAKASHIMA HOKKAI
(1 8 5 0 - 1 9 3 1)

Il arrive à Nancy en 1885 comme élève étranger à l'Ecole forestière et il va y résider jusqu'en 1888. La période est mise à profit pour nouer des relations fructueuses avec le milieu artistique local, essentiellement avec les artistes décorateurs sensibilisés depuis les Expositions Universelles de 1867 et 1878 à l'action vivifiante de l'art japonais. C'est donc moins sa production — déjà connue par les esprits avancés — que la qualité des échanges culturels et la possibilité d'observer de visu le geste de la création qui rendent originale sa présence dans une ville n'ayant encore jamais accueilli de Japonais. Aussi la revue *La Lorraine Artiste* fait largement écho à son art tandis que ses œuvres sont exposées au Salon de la Société des amis des arts et, rue des Dominicains, dans la vitrine de René Wiener. *Takacyma de Tokio* rencontre, entre autres, Emile Gallé avec qui il partage le même intérêt pour les sciences de la nature mais ce sont Louis Hestaux et Camille Martin qui expriment le mieux son influence.

V

VALLIN EUGÈNE
(1 8 5 6 - 1 9 2 2)

Formation dans l'atelier d'un oncle entrepreneur de menuiserie — lecteur de Viollet le Duc — Charles Auguste Claudel (1827-1893), spécialiste de mobilier d'église. Sculpture sur bois, modelage appris auprès de Charles Pètre à l'école municipale de dessin. Il prend la succession de son oncle en avril 1881 ; construit un nouvel atelier et sa maison boulevard Lobau en 1896. Il est entraîné dans le courant moderne par Gallé pour qui il réalise la porte de ses nouveaux ateliers.

Méditatif et logicien, il fait évoluer son art — mobilier ou façades — de manière personnelle à partir de sa double expérience de constructeur et de praticien du bois. Essentiellement autodidacte, il est l'homme d'un métier parfaitement maîtrisé et travaille uniquement sur commande.

Vice-président du Comité directeur de l'Alliance.

VALLIN AUGUSTE
(1 8 8 1 - 1 9 6 7)

Après un passage à l'Ecole des Beaux-Arts de Nancy où son goût pour la sculpture s'affirme, il aide son père Eugène Vallin dans les ateliers du boulevard Lobau participant entre autres à la réalisation de la célèbre salle à manger de Charles Masson, leur chef-d'œuvre (1904). Parallèlement, il donne quelques dessins pour les arts graphiques et sculpte surtout avec le soutien bienveillant de Victor Prouvé. Il gagne Paris et expose avec succès ses œuvres au Salon de la Société nationale des beaux-arts mais l'état de santé de son père le ramène à Nancy, à la tête des ateliers qu'il dirige jusqu'à leur fermeture en 1961. Ebéniste de valeur animé par une belle conscience artisanale, il maintient une solide tradition de qualité, en particulier sur de luxueux programmes, ainsi les cabines de première classe du paquebot *Paris*. Mais l'originalité de son talent reste au portrait sculpté où sa pénétration psychologique et son sens de l'humanité font merveille.

W

WALTER AMALRIC
(1 8 7 0 - 1 9 5 9)

Après avoir été élève à la manufacture de Sèvres, il arrive à Nancy en 1905 et débute à la verrerie Daum. En 1920, installé à son compte, il expose faïences décorées et objets en pâte de verre. Un texte officiel de 1926 à Nancy le déclare « créateur du procédé des pâtes de verre ». Diplôme d'honneur à l'Exposition Universelle de 1900, diplôme et médaille d'or aux Expositions de Nancy en 1909, de Bruxelles en 1910.

C'est en collaboration avec Henri Bergé qu'il amorce sa production personnelle. Le cabinet d'échantillons Chaligné, à Pa-

ris, lui réserve deux vitrines, il compte une fidèle clientèle à Nancy. Sa production artisanale mais abondante est ponctuée par de belles réussites. Dans la meilleure période des années 20, celles du plus grand engouement pour la pâte de verre, Walter a eu jusqu'à huit à dix collaborateurs.

WEISSENBURGER LUCIEN
(1 8 6 0 - 1 9 2 9)

Etudes à l'Ecole des Beaux-Arts de Paris. Du Salon de 1888 où il expose un projet de marché couvert à 1914, ses réalisations, comme l'évolution de sa manière, sont les plus représentatives de l'activité du bâtiment à Nancy, marquée par l'essor démographique, de nouveaux programmes, la quête d'un style. Surtout, il se définit par sa collaboration dès 1901 avec Henri Sauvage dont il exécute les plans pour la villa de Louis Majorelle, ensuite des beaux hôtels particuliers qu'il projette et réalise — dont le sien. Lucien Weissenburger mérite d'être considéré comme ayant le premier largement contribué à donner un visage « nouveau » à l'architecture de sa ville natale.

Membre du Comité directeur de l'Alliance.

WIENER RENÉ
(1 8 5 5 - 1 9 4 0)

Son père Lucien Wiener mène depuis les années 1850 une activité de libraire et de relieur prospère. Fervent lotharingiste, il est conservateur du Musée historique lorrain et à ce titre sans doute figure parmi les membres du Comité directeur de l'Ecole de Nancy en 1901. Son fils René grandit dans ce milieu familial favorable et complète sa formation par des voyages d'agrément en Europe Centrale (1885) et en Afrique du Nord (1887). La boutique du 53, rue des Dominicains, qu'il reprend en 1879 devient une vitrine d'exposition et un lieu de rencontres où les esprits modernes débattent des questions d'actualité. A partir de 1893, il renouvelle l'art de la reliure en collaboration avec Camille Martin et Victor Prouvé suscitant à Paris et en Belgique des commentaires partagés. Mais vers 1896, c'est la rupture et désormais les cartons sont plutôt demandés aux artistes parisiens qu'aux Nancéiens (Louis Guingot, Jacques Gruber). Si l'activité de Wiener est brève — 1893 à 1900 — de ses ateliers sont sorties les reliures les plus résolument modernes de la fin du XIXe siècle.

WITTMANN ERNEST
(1 8 4 6 - ?)

C'est lors d'un séjour à Remiremont de son père, un confiseur installé depuis 1848 à Cincinnati dans l'Ohio, qu'il découvre le modelage. Il travaille d'abord avec de la cire puis avec de la glaise, essayant d'exprimer simplement ce qu'il observe de la vie des paysans vosgiens. Bien que sa vocation soit contrariée, il s'établit à Nancy en 1884, suit les cours de l'Ecole des Beaux-Arts et se lie avec Victor Prouvé qui devient son véritable éducateur. Il peint et expose à Paris puis à partir de 1899 se consacre exclusivement au modelage. Travaillant rapidement, il cède à l'impulsion et saisit avec énergie toute une huma-

nité sensible du quotidien. Nombre de ses statuettes sont éditées en grès par Mougin, exceptionnellement en bronze à Paris. Son fils, Charles Wittmann (1876-1953) est un peintre de qualité qui mène sa carrière entre Paris et Nancy — il est ami de Victor Prouvé et de Camille Martin — avant de se fixer à Besançon en 1920.

Ernest Wittmann : Le porteur de fagot, grès de Mougin. c. 1900. M.E.N.

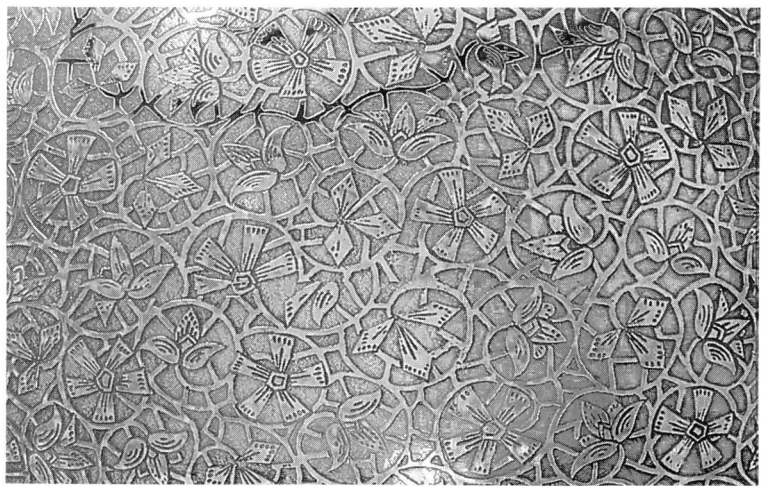

Emile Gallé : vase « Scarabée », détail de la gravure. M.E.N.

Application : fixation à chaud d'un motif décoratif en relief à la surface du vase : gouttes, fils, larmes, cabochons...

Bullé : verre produit soit par projection d'éléments composés émettant lors de la fusion un bullage inclus dans la pâte, soit par injection d'air comprimé dans la matière encore pâteuse au sortir du four.

Canne : tube en fer forgé muni à son extrémité supérieure d'un manche en bois et servant à souffler le verre ; on dit aussi *felle*.

Craquelé : décoration imitant des fissures ou des réseaux, obtenue en soumettant le verre à de brusques variations de température.

Cristal : renferme en proportions variables du silicate double de plomb et de potassium auquel il doit son éclat, sa sonorité et sa pureté.

Décoration intercalaire : technique élaborée par la maison Daum. Sur le verre déjà décoré — gravé ou ciselé —, introduction de nouvelles couches de verre puis façonnage définitif avec reprise à la roue de certaines parties du décor.

Doublé : superposition lors du cueillage de deux épaisseurs de verre de teinte différente. On appelle *triplé* le même procédé appliqué à trois épaisseurs. Technique la plus communément employée dans la verrerie de grande diffusion, produite industriellement au début du XXe siècle.

Emaillé : application au pinceau d'une pâte constituée d'un mélange d'émaux en poudre additionné d'oxydes métalliques pour la coloration. Elle est cuite au four pour fixer le décor sur le verre.

Gravure à l'acide : le verre est recouvert d'un vernis protecteur que l'on dénude à la pointe dans les parties à graver. Puis on fait agir un mordant du verre : l'acide fluorhydrique.

Gravure mécanique : on use d'un touret à l'émeri, d'une roue en cuivre ou d'une molette animés d'un mouvement rapide de rotation. Cette technique requérant une grande dextérité est souvent associée à d'autres procédés.

Halle : grand atelier de verrerie dont le centre est occupé par le four.

Emile Gallé : marqueterie de verre, détail.
M.E.N.

Marqueterie de verre : technique très délicate inventée et seulement utilisée par Emile Gallé. Inclusions dans le verre malléable de pièces de verre coloré préalablement préparées, puis recouvertes par une mince couche de verre ou de cristal incolores. Fréquents accidents lors du refroidissement.

Pâte de verre : pâte d'aspect plus ou moins céramique appliquée à l'intérieur d'un moule réfractaire où elle subit, mise au four, une température élevée pour sa fusion, mais réglée de manière à éviter le mélange des diverses parties colorées de son décor. Peut donner lieu à des effets demi-opaques comparables à ceux de la porcelaine aussi bien qu'à la translucidité du verre.

Pressé soufflé : Volume de verre moulé sous pression dans une forme en acier ou en terre réfractaire. Méthode appelée le travail à la presse. Coutures apparentes aux jointures des parties du moule. Caractérise dans les années 1920 une très importante production de verrerie et de lustrerie industrielles.

Verre : résultat de la combinaison de silice, sodium et chaux qui fusionnent à une température voisine de 1 400°.

Vitrification : fusion donnant, après le refroidissement, l'éclat, la transparence et la dureté du verre aux matières fondues. Technique de décoration permettant l'application à la surface du vase de poudres de verre multicolores.

LES COLLECTIONS

MUSÉE DE L'ÉCOLE DE NANCY

36-38, RUE DU SERGENT-BLANDAN - Tél. : 83.40.14.86

*Ouvert tous les jours sauf le mardi et les jours fériés,
de 10 h à 12 h et de 14 h à 18 h ; 17 h du 1er octobre au 31 mars.*

Pour le visiteur qui souhaite d'emblée s'imprégner de l'atmosphère art nouveau, la propriété d'Eugène Corbin, héritier des Magasins Réunis en 1901, offre toutes les séductions. Non seulement elle abrite un musée exceptionnel à plus d'un titre mais elle compose aussi un cadre de verdure qui, malgré les mutilations du parc survenues dans les années 50, reste profondément évocateur de la sensibilité naturaliste du début de ce siècle. Pourtant l'architecture n'offre pas vraiment de spécificité 1900. Cette villa édifiée vers 1870 était d'abord destinée à l'agrément dans un quartier champêtre avant d'être agrandie en 1912 par Lucien Weissenburger dans un style à peine marqué de courbes. Seul le bas-relief en façade du sculpteur Auguste Vallin cultive encore quelque connivence avec l'esprit du temps. Enfin l'ajout, vers 1925, d'une aile en équerre du premier

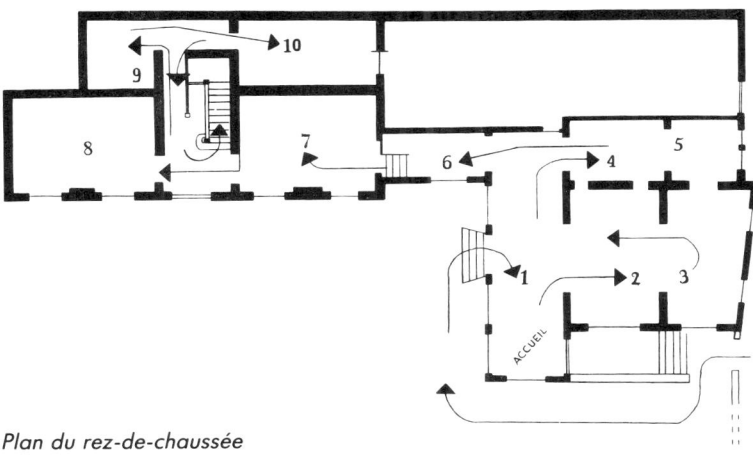

Plan du rez-de-chaussée

bâtiment donne sa physionomie actuelle à l'ensemble qui abrite le musée de l'Ecole de Nancy depuis 1964. Si le principe de l'Union des arts et l'intimité d'un « lieu habité » dominent la présentation, le musée ne reconstitue pas des intérieurs nancéiens mais évoque avec sensibilité un milieu de création, synthèse d'œuvres de provenances diverses, encore susceptible d'évoluer aujourd'hui, selon les acquisitions. Ainsi, le parcours proposé pourra être modifié dans le détail.

Salle 1. — Vestibule

L'atmosphère Ecole de Nancy est principalement suggérée par les vitraux en impostes de Jacques Gruber, des paysages avec mouettes et grenouilles aux tonalités profondes dues aux verres doublés, superposés et à l'utilisation de verres américains chenillés et iridescents. A signaler du côté de la rue, au centre de l'ancienne porte d'entrée, un médaillon triangulaire couronné de pommes de pin avec une allégorie du printemps, visage de jeune femme aux cheveux chargés de fruits et de fleurs. La table de musée, Le Rhin (1889) s'inspire des meubles Renaissance et Gallé y manifeste un tempérament éclectique original mais marqué par la veine naturaliste très sensible dans le chardon lorrain de l'entretoise. Tandis que la bordure décorative du plateau est conçue par Louis Hestaux, au centre le dessin du grand décor marqueté est donné par Victor Prouvé. « Le Rhin sépare des Gaules toute la Germanie », citation empruntée à l'historien latin Tacite, est complétée sur la traverse postérieure par cette inscription sans ambiguïté : « Je tiens au cœur de France. Sur la face antérieure : « Fait par Emile Gallé / de Nancy / en bon espoir / 1889 » ; « Plus me poignent / plus j'y tiens ». Ce message patriotique ne passa pas inaperçu lors de l'Exposition Universelle de 1889. Le travail de création n'est pas moins considérable tant par la qualité de la sculpture dans le noyer que par le jeu complexe des bois variés : citronnier, ébène incrusté, prunier, palissandre, houx et poirier. Sur cette table destinée à mettre en valeur les chefs-d'œuvre d'un éventuel collectionneur, un bronze de Dubois Bernard Palissy, offert à Gallé par ses collaborateurs en 1889.

Toujours de Gallé, un canapé trois places à joues et des appliques « Noisetiers » d'un naturalisme appuyé. Eléments de l'art du décor : platines de serrure (1910) par Jules Cayette , porte-parapluie à décor de fougères dessiné par J. Gruber et réalisé par Cytère à Rambervillers (vers 1905). Egalement projeté par Gruber et exécuté par l'ébéniste Schwartz une sellette à plan circulaire qui accueille un bronze de Prouvé : La nuit, visage de femme à l'opulente chevelure habité par un symbolisme silencieux (1894). Tableaux de R. Koenig : Portrait de Claude et Geneviève Gallé, filles cadettes du verrier. Peinture de Corette : Le Café au jardin représentant la famille Corbin dans la propriété en 1938.

Salle 2.

La pomme de pin donne la tonalité — vitraux de Gruber (1910) — de ce salon essentiellement consacré à Gallé et Majorelle.

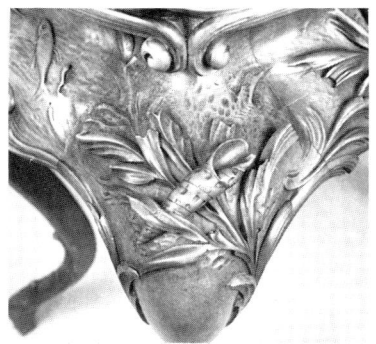

Emile Gallé : jardinière « Flora marina, fiora exotica ». 1889 (deux détails). M.E.N.

Gallé

La jardinière en poirier sculpté, avec incrustations de bois divers fut présentée à l'Exposition Universelle de 1889. Bien que d'esprit Louis XV rococo, cette œuvre affirme le double intérêt de la fin du XIXe siècle pour l'exotisme — les tropiques — et le monde sous-marin. Leur luxuriance est brillamment traduite par les marqueteries et les beaux détails sculptés : coquillages, crustacés,... grâce aux collaborations de V. Prouvé et L. Hestaux. Vitrine *Le Lierre d'hiver* en noyer avec marqueteries (vers 1903). Table libellule en poirier sculpté, vers 1900. Cette table rectangulaire établit au mieux le rapport forme empruntée à la nature-fonction avec ses pieds constitués de quatre libellules aux ailes déployées.

L'amphore marine en verre gravé (1900) dont les applications simulent des coquillages et des concrétions marines a pour modèle une amphore du IIe s. avant J.-C. ayant appartenu à Gallé. Cette verrerie « parlante », ornée à l'ouverture d'un ruban d'algues en fer forgé exprime, de façon spectaculaire, la rencontre de diverses influences. La référence littéraire est empruntée au *Livre de Monelle* de l'écrivain symboliste Marcel Schwob : « Cette cruche habitait autrefois l'océan. Elle contenait un génie qui était prince. Fille sage saurait briser l'enchantement par permission du roi Salomon qui a donné la voix aux Mandragores ».

Majorelle

Remarquable piano à queue *La mort du cygne*, en acajou sculpté de pommes de pin, résultant d'une collaboration avec V. Prouvé pour le carton de la marqueterie (1903-1905). Toujours sur le thème de la pomme

Louis Majorelle : piano « La mort du cygne ». 1903-1905. M.E.N.

de pin, une bergère cabriolet « de style » en bois doré ainsi qu'un chevalet et une chaise en acajou (vers 1903). Table tripode à plateau d'entrejambe en noyer orné d'une marqueterie à décor de chardon (vers 1900). Table à thé en acajou ayant pour thème une plante aquatique : « Les butomées ». La vitrine *Les orchidées* est caractéristique de l'orientation de la création chez Majorelle avec l'introduction de bronze doré aux orchidées couvrant les montants en acajou sur toute la hauteur du meuble (vers 1905). Sur la cheminée Majorelle, une très rare lampe « Cactus », monture de bronze et verre polychrome soufflé et moulé due à la collaboration Daum-Majorelle (1903). Tableaux de Sellier, Desch, Goor, Charles Wittmann.

Salle 3 : Salle Vallin.

Des meubles divers en acajou blond, marqués par de solides principes constructifs et une connaissance toute artisanale de l'influence de Gallé, de l'architecture du Moyen Age et des principes de Viollet-le-Duc.

La vitrine de plan circulaire avec quatre vitres galbées illustre avec efficacité le rapport harmonieux et difficile de la puissance et de l'équilibre (vers 1904). Elle abrite un bel ensemble de verreries transparentes de Gallé à décor gravé, émaillé, filigrané, antérieures à 1889. On notera la vigueur de l'inspiration éclectique, à la fois inventive et maîtrisée : guirlandes de fleurettes de style Louis XVI sur un vase cornet à quatre lobes, résille néo-médiévale sur un coffret en verre, lascive danse des voiles gravée sur une verrerie piriforme... A nouveau de Vallin, chaise et fauteuil ornés d'épis de

blé sur les pieds antérieurs (1903-1904) et une console (1905). Une sellette tripode circulaire porte une lampe de Muller en verre multicouche, très caractéristique de l'atmosphère art nouveau (vers 1903-1905). Le hibou sur le pied et les chauvessouris sur l'abat-jour peuplent une nuit mystérieuse qui s'éclaire avec l'électricité. Mais la pièce maîtresse est le bureau Kronberg (1901-1902), du nom de son commanditaire. A partir des six pieds dont la forme est empruntée aux racines de l'ombelle, celle-ci se dresse en tiges dynamiques sur les montants jusqu'à la tablette supérieure. Tout un décor de feuilles et d'efflorescence se développe avec virtuosité sur les faces latérales. Un buffet à deux corps et à niche (vers 1904) renferme différentes verreries de Daum. Enfin, de Victor Prouvé, un lutrin en bronze servant de présentoir aux *Poèmes barbares* de Leconte de Lisle. « Ce monument intime », lyrique et symboliste, ainsi que sa reliure-boîtier — le livre est enchâssé dans une monture de bronze patiné — figura parmi les réalisations nancéiennes exposées au Salon du Champ de Mars, à Paris, en 1896. Grès de Bussière, tableaux de Sellier, Prouvé : portrait de M. et Mme Corbin.

Salle 4.

Dans cette pièce sont regroupés trois meubles caractéristiques des différentes facettes et de l'évolution de Gallé ébéniste. Le grand buffet deux corps était destiné à une salle à manger et il fut présenté à l'Exposition Universelle de 1889. Sa forme est empruntée aux XVIe-XVIIe s. Il offre un intérêt histori-

Emile Gallé : coupe en cristal « Les pins de Ravenne ». 1903 (détail). M.E.N.

que puisqu'il porte, tels de précieux documents, des marqueteries décrivant les ateliers de céramique et d'ébénisterie de Gallé. L'étagère à poser au sol, en noyer mouluré (1894) regarde, quant à elle, du côté du Japon avec ses plateaux légers reliés par des tiges de bambou et son motif de branche de pommier en fleur. La desserte marquetée de bois polychrome et ornée d'épis de blé en bronze ciselé renoue plus familièrement avec l'esthétique naturaliste sur le thème bien connu des scènes de la vie des champs (1904-1905). Verreries de Gallé.

Salle 5.

Sur un fond de double rideaux en soie verte richement brodée de papillons, d'oiseaux, de chrysanthèmes et de fleurs de pommier — travail japonais du XIXe siècle — le mobilier de Gallé antérieur à 1900 se trouve particulièrement bien mis en valeur. On remarquera d'abord la commode *Les parfums d'autrefois*,

surmontée d'un trumeau de glace trilobée dans la partie supérieure (1894). Sa physionomie générale qui emprunte au XVIIIe siècle se nuance de détails naturalistes bien venus, témoin les sarments qui se tordent à la base des petites consoles de part et d'autre de la glace. On admirera également les marqueteries de bois variés évoquant la flore odoriférante de Lorraine : Réséda, Verveine, Marjolaine... Le pavot inspire le piétement de la table de salon alors que son plateau en noyer est marqueté d'une belle composition de dalhias et de papillons (1896). Celui-ci porte une importante lampe aux ombelles, fer forgé et verre triplé, caractéristique des liens étroits avec la nature qui guident Gallé dans le domaine du luminaire (1903). Le lustre bulbe d'oignon en porte également témoignage. Si on retrouve le pavot sur la chaise de salon, cette fois aux extrémités des montants du dossier, celui-ci est occupé en son centre par trois épis stylisés. Par contre, la chaise *Le merisier de Sainte Lucie*, en dépit de son décor végétal relève de l'éclectisme : attaches du piétement Louis XV, dossier circulaire Louis XVI (1890). Enfin, plus récente de dix ans, une table tripode, *La flèche d'eau*, dite encore *Sagittaire* démontre brillamment la parfaite intégration du motif naturaliste dans la structuration du meuble (1900). Portière aux clématites de Gallé provenant de sa maison de l'avenue de la Garenne (vers 1900).

Salle 6.

L'ensemble créé par E. Vallin pour le marchand de houille Kronberg est particulièrement impressionnant, surtout dans l'espace réduit d'un passage qui ne permet aucun recul (1901-1902). Sa conception « multifonctions » : banquette, bibliothèque, cache-radiateur..., surprend aujourd'hui, même si la diversité des matériaux, tels l'acajou blond et le verre, n'est pas sans écho dans les recherches du mobilier actuel. En fait l'objet ne semble pas répondre à l'usage quotidien mais à la démonstration virtuose, si caractéristique dans les meubles présentés par les Français dans les grandes expositions internationales au début de ce siècle. Par ailleurs, la fonction sociale et le souci de représentation d'une nouvelle bourgeoisie nancéienne y apparaissent clairement, témoin le Mineur, emblématique de la fortune du commanditaire et sculpté par le jeune Auguste Vallin.

Dans une vitrine à proximité, l'étonnante reliure de *Salammbô*, le livre de Gustave Flaubert, ici métamorphosé par Victor Prouvé et Camille Martin. La nouveauté de la conception : décor occupant toute la surface sans discontinuité, recours à des cuirs variés, aux riches colorations, sertis de filets d'or ; et surtout l'introduction aux angles de plaques de cuivre émaillé d'inspiration égyptienne (œuvre de Martin), tout cela attire l'attention et les critiques sur les Nancéiens lors du Salon du Champ-de-Mars, à Paris, en 1893. Plat de dessus : la mort de Salammbô ; plat de dessous : Moloch entouré de fumées et de flammes, le dos étant consacré à Tanit dont le somptueux manteau couvre largement, en les réunissant, les deux plats du livre. Tableaux de Prouvé dont le portrait de Paul Perdrizet (1906), archéologue, gendre de Gallé et directeur de la firme de 1914 à 1931.

Salle 7.

Salle consacrée à Auguste et Louis Majorelle. Le piano demi-queue des facteurs Mangeot, constitue un témoignage rare de l'activité d'Auguste Majorelle. Celui-ci exécuta le décor de la caisse et les ornements or et rouge en empruntant indifféremment à la Chine et au Japon, alors encore mal dissociés. Son « chef-d'œuvre » laqué, stuqué, fut exposé avec succès à l'Exposition Universelle, à Paris, en 1878, peu de temps avant son décès.

Le mobilier aux *Nénuphars* figure parmi les créations art nouveau les plus connues et les plus réussies de son fils, Louis. Le bureau et la grande vitrine bibliothèque furent présentés à l'Exposition Universelle de Paris en 1900 où ils furent très remarqués. La table de salon tripode et le meuble classeur haut d'appui datent de 1902. Conçus dans des bois exotiques très fins tel l'acajou, avec des placages de courbaril teinté, ces meubles semblent jaillir du sol pour s'évaser délicatement sur les hauteurs. Les tiges de bronze doré travaillées dans l'atelier de ferronnerie renforcent la cohésion de l'objet, en soulignent le mouvement ascendant et dynamique sur les montants.

Sur le meuble classeur, quelques céramiques de Gallé : lion-torchère (1866-1876), une potiche à décor polychrome de grand feu avec d'importants rehauts d'or (vers 1878). Cette pièce d'inspiration éclectique fut traitée dans le goût des porcelaines chinoises et le dessin donné par Descelles père, un employé de Gallé. On notera surtout le jeu du paravent figurant une scène champêtre qui se déploie sur la panse du vase. A l'intérieur de la grande vitrine bibliothèque : Daum : vase nénuphars, quelques verreries gravées, émaillées de Gallé. Tableaux de l'impressionniste Charles de Meixmoron, C. Martin, C. Sellier. Portrait des Demoiselles Moulins au piano par Prouvé (1903). Portrait de Louis Majorelle étudiant une pomme de pin par son fils Jacques (1908). Sur la cheminée qui provient de la maison de l'industriel Paul Luc, construite par Henri Gutton et Joseph Hornecker (1906), belles lampes flambeau aux fleurs de magnolia produites par Daum et Majorelle, pour les montures en bronze d'un graphisme délié (1905). En-

fin, une porte recouverte de cuir martelé, repoussé, peint, pyrogravé et teinté représentant une jeune femme portant un bouquet de fleurs. Cette réalisation de V. Prouvé est complétée par un décor naturaliste en bronze ajouré et gravé (1900).

Salle 8.

Commandée pour la propriété à Liverdun de Charles Masson, gendre d'Antoine Corbin, cette salle à manger d'E. Vallin répond avec ambition au programme de l'union des arts et de l'art total (1903-1904). Si sa perception en est aujourd'hui faussée, car l'ensemble a été remonté au musée en 1963-1964 dans un espace plus restreint qu'à l'origine, favorisant ainsi l'impression d'étouffement, la beauté du matériau travaillé avec une rare maîtrise et le luxe

Eugène Vallin : salle à manger de Charles Masson. 1903-1904. M.E.N.

de la « mise en scène » restent entiers. Prouvé collabora étroitement au projet, exécutant la composition du plafond, les panneaux muraux en cuir peint doré et patiné, donnant la maquette du bûcheron au-dessus du manteau de la cheminée. Le plafonnier et les appliques sont de Vallin avec des tulipes de Daum.

Sur la gauche, vitrine avec de beaux exemples de service de table en céramique de Gallé. A noter particulièrement, le service *Berger* en camaïeu bleu, bordure jaune et mauve avec rehauts de lie de vin rouge sur fond bleuté. Le décor de bergers et bergères avec sa flore décorative et la bordure d'ocelles présente des variantes sur chaque pièce.

Salles 9 et 10.

La salle 10 — encore récemment consacrée à l'évocation des principales activités de l'Ecole de Nancy en relation avec l'industrie lorraine : verrerie, céramique, broderie, architecture — a fait l'objet d'une rénovation et d'une restructuration complètes au cours de l'année 1989-1990.

Le public peut désormais y découvrir la partie centrale de l'exceptionnelle verrière composée par Gruber entre 1904 et 1912 pour la maison de la famille Elie, 4 rue du Général Drouot à Nancy (cf. p. 150). Ce véritable rideau végétal, restauré en 1979 grâce au mécénat de la banque S.N.V.B. constitue une des œuvres les plus abouties du vitrail art nouveau à Nancy mais aussi en Europe. Il naît de l'ambition du programme et de la virtuosité technique de l'exécution un réel pouvoir de suggestion, accumulation de sensa-

tions bruissantes et parfumées dans un espace profond et silencieux.

Lui font écho dans les vitrines une vingtaine de verreries d'Emile Gallé, sélection des pièces parmi les plus significatives et les plus précieuses des collections du musée. Leur commentaire est déjà intégré dans une partie exclusivement consacrée à la verrerie p. 76 et suivantes, aussi se limitera-t-on ici à rappeler le nom des principaux vases exposés : grande lampe de mosquée « Espoir », vase bouteille « Seulette suis » (1889), coupe *Noctuelles* (1890-1900), *la Berce des prés* ou *l'Angélique* (1900). Datant de la même année, on remarquera le vase aux orchidées des bois, peu connu du public mais figurant parmi les pièces de qualité de Gallé, mais aussi le vase *Géologie* (1900-1904), *la Soude* (1903), *Les pins de Ravenne* (1903), vase *Fourcaud* (1904). A noter également les vases : Iris, les farouches, forêt guyannaise, flambe d'eau et le vase dit Prouvé dont la dissonante monture en métal est due à Jean Prouvé.

La salle 9 qui abrita pendant longtemps des esquisses, croquis, dessins et aquarelles exécutés par Victor Prouvé lors de ses deux séjours tunisiens de 1888-1890 (une nouvelle présentation est à l'étude) est réservée à présent à de petites expositions temporaires.

Salle 11.

Escalier. En imposte au-dessus de la porte vitrée ouvrant sur le jardin, vitrail d'Ernest Ventrillon dont le sujet floral sacrifie à la mode géométrique (1923). Tableau de Prouvé *Vision d'automne* d'un symbolisme léger et mélancolique. Allégories de Mucha, peintures de Friant, Prouvé, de Meixmoron et vitraux de Gruber : rosiers grimpants aux fleurs jaunes sur fond bleu (vers 1902-1905). Sur le palier, une vitrine ovale et deux autres murales de Cayette. Sélection de pâtes de verre : Daum, Walter...

Salle 12.

Chambre à coucher de Louis Majorelle. Créée vers 1905 pour sa propre demeure, la villa *Jika* construite en 1901-1902 par l'architecte parisien Henri Sauvage, ce mobilier comprenant lit, commode, table de chevet, est entré dans les collections du musée en 1983. Le frêne aux harmonies claires s'accorde parfaitement au jeu des courbes fluides et douces qui rappellent avec distance des formes organiques, simplifiées, ainsi les ailes du papillon. Les détails, poignées et serrures en bronze, en forme de plantes stylisées mais surtout les incrustations de nacre sur les panneaux veinés constituent des détails raffinés propres à une création exceptionnelle et toute personnelle. On comparera utilement le lit avec le célèbre lit *Aube et crépuscule* de Gallé présenté dans la salle suivante.

Salle 13.

L'évocation de Gallé, le créateur accompli, s'organise autour du lit *Aube et crépuscule*, ultime chef-d'œuvre présenté à l'exposition d'art décoratif de Nancy en 1904, quelques semaines après le décès du chef de l'Ecole de Nancy. Cette pièce unique et exceptionnelle fut commandée par Henry Hirsch ainsi que tout un ensemble de meubles dont la vitrine aux libellules aujourd'hui exposée au musée d'Orsay. Au dosseret de tête, le grand sphinx aux ailes souples rehaussées d'ébène symbolise la nuit qui tombe sur la campagne silencieuse à l'heure où rentrent les troupeaux. Au chevet de pied, l'aube est évoquée par deux papillons aux ailes diaprées et nacrées. Au centre, l'œuf de cristal gravé d'éphémères fait écho à la vie et à ses limites, au bonheur et à sa fragilité.

La chaise aux ombelles, un modèle en noyer créé en 1902 utilise le motif végétal moins comme un ornement décoratif que pour inspirer la structure du bâti. La fleur a donné sa forme au dossier et les tiges d'ombellifères le rattachent directement à la ceinture. Sellette aux ombelles à deux plateaux, vers 1902-

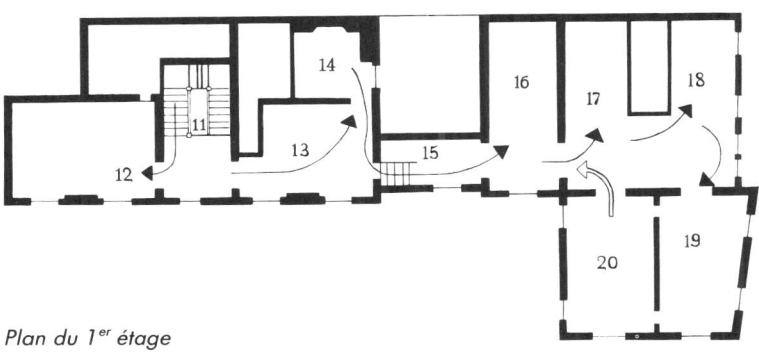

Plan du 1ᵉʳ étage

Emile Gallé : vase aux primevères, cristal. 1884. M.E.N.

1903. Les quatre pieds sont observés « d'après nature » et la belle marqueterie du plateau porte un décor de fleurs et libellules. Rare lampe *Les coprins*, en forme de champignon avec une base en fer forgé, spectaculaire dans le souci de métamorphoser le réel en le portant à une autre échelle. Grand vase en céramique à décor d'insectes stylisés et frise d'inspiration égyptienne (1889). Portrait de Madame Gallé avec ses filles Thérèse et Lucile par Prouvé dans le goût de la peinture anglaise du XVIIIe siècle (1880). En face, célèbre portrait de Gallé, vision fiévreuse de la création exprimée avec romantisme par Victor Prouvé (1892).

Deux vitrines présentent une sélection de verreries enveloppées par la lumière du jour c'est-à-dire dans des conditions à la fois favorables et authentiques. Leur étude est particulièrement agréable les jours ensoleillés, en fin de matinée.

Quelques aménagements sont prévus dans cette salle. Ils visent à renforcer l'évocation de Gallé, de son milieu familial et de création : installation de la vitrine *Les fougères* (cf. salle 16), accro-

chage du portrait de Claude et Geneviève Gallé, filles cadettes du verrier par R. Koenig...

Salle 14.

Les éléments de la salle de bain provenant de l'hôtel parisien de la marquise de Ganay représentent une ouverture intéressante sur la création art nouveau dans la capitale. Cette grande composition — jardinière et non baignoire — qui place des personnages allégoriques dans un décor végétal influencé par l'Extrême-Orient est réalisée en grès par le céramiste parisien Chaplet (1835-1909). La présence parisienne est renforcée par le mobilier de Tony Selmersheim (1871-1971). A côté, de Louis Majorelle, une petite chaise de salon en noyer aux montants torsadés terminés par des capsules de pavots. Toujours sur ce motif, un écran de cheminée par Gallé.

Vitrail de Henri Bergé (vers 1900) donné au musée en 1981. Une jeune femme a interrompu sa lecture et joue avec un chat juché sur ses épaules. A ses pieds une tortue, deux paons ; quelques papillons voletant par-

Emile Gallé : vase aux hippocampes, céramique. M.E.N.

mi les fougères. La figure féminine aux cheveux longs, buste nu n'est pas sans rappeler le graphisme des affiches 1900, impression renforcée par le traitement du verre découpé en larges plaques, sans rapport avec le travail de Gruber.

Portrait par Emile Friant. Vitraux de Koenig et Lafitte, *Clématites et jasmins de Virginie*. Petit panneau ovale et convexe de J. Gruber *Les cytises* (1924).

Salle 15.

Une grande vitrine présente un ensemble important tant par la variété que par la qualité de céramiques de Gallé. La vigueur de son inspiration éclectique s'y révèle brillamment dans des objets quotidiens d'usage divers : services de table, vases, cruches, cache-pots, vide-poches, plateaux, pendules, bougeoirs, jardinières,... tous soigneusement exécutés. Ainsi, les écritoires réalisés à partir du même moule portent différents décors : paysages hollandais, insectes, fleurs souvent d'esprit rocaille.

L'Extrême-Orient — Chine et Japon — est naturellement très présent mais lui aussi se décline très diversement. Superficiel et criard pour un cacatoès, pichet zoomorphe, modèle de 1880, sans doute très apprécié à l'époque ; jouant le choc culturel dans des pièces d'un éclectisme surprenant, témoin un éventail décoratif (vers 1879-1885), où l'exotisme rencontre les ornements rocaille, la fleur de lys et la fable française : « Une poule survint / et voilà la guerre allumée / », il devient une source d'inspiration légère et subtile dans d'autres œuvres où Gallé montre qu'il est davantage un créateur qu'un adaptateur. La

coupe ovale, décor en camaïeu bleu et rehauts d'or figurant des branches et des pommes de pin avec une libellule séduit par sa fraîcheur et sa simplicité (vers 1878-1880) et les assiettes du service floral, modèle créé en 1881, figurent parmi les plus belles réussites du faïencier. Le décor confié à Hestaux varie sur chaque pièce où les rehauts d'or pour le fond sont posés à l'éponge. On comparera utilement cette réalisation avec les décors des services *Herbier* traités dans un style naturaliste plus analytique et contenu.

On reconnaîtra également la part de l'héraldique, de l'histoire locale et populaire, du Moyen Age et du XVIIIe siècle. L'Egypte ancienne est aussi sollicitée pour des jardinières dans les années 1880. La nature reste ardemment privilégiée. Sur une assiette éditée en 1889 puis rééditée en 1900, le motif décoratif imari de la bordure sert d'abord à mettre en valeur la fougère centrale décrite avec minutie. Ailleurs, l'inscription sur le col d'un vase ; « Je suis fier de mes couleurs » affirme la beauté des plumes du paon tandis que sur un autre petit vase à dominante verte il est écrit : « De ses ailes la némophile alpestre / fait des corolles au plantain sans éclat ». Les papillons y volettent parmi les herbes formant un décor un peu stylisé et plein de grâce.

Gallé : petit bureau de dame, étagère à suspendre, tous deux « aux ombelles » (vers 1899-1900). Table à jeu avec marqueterie à décor floral portant la devise bien connue « Ma racine est au fond des bois » (vers 1895-1897). Coffret à bijoux *La parure* (1894). La conception et le sujet — Andromède (?) et le

Emile Gallé : marqueterie de la vitrine « Les fougères ». Vers 1902. M.E.N.

Monstre marin — sont de Prouvé tandis que les plaques de cuivre émaillées d'inspiration égyptienne furent réalisées par Martin. Cette œuvre complexe, exposée à Paris en 1894 et à Bruxelles l'année suivante fut très restaurée, dans un état différent de l'origine, après 1947. Enfin, frise lumineuse sur le thème des coloquintes de Gallé. Portrait du général Ridlinger, cosignataire de l'armistice de 1918 par Desch.

Salle 16.

Vitrine de Gallé *Les fougères* dont on notera surtout à la base le panneau marqueté de différents bois précieux. A l'intérieur, le vase calice *Le figuier*, gravé, marqueté, avec inclusions, filets vénitiens et applications fut présenté à l'Exposition Universelle de 1900 alors que Gallé vivait douloureusement l'affaire Dreyfus. Une larme de verre glisse le long du calice et sur le pied sont gravés ces mots de Victor Hugo : « Car tous les hommes sont les fils d'un même père / ils sont la même larme ; ils sortent du même œil ». Lui fait face le mo-

bilier dessiné par l'architecte Emile André, un défenseur actif du principe de l'Unité de l'Art : lit, métier à broder, sellette et bancs aux lignes sobres et nettes, tous datés de 1901 et 1902. Salon de Geneviève Gallé, « simple, logique, solide » ainsi que le souligne la critique de l'époque, dû à Léon Jallot (1874-1967) qui travailla

Ferdinand Brunot :
buffet de salle à manger. 1906. M.E.N.

74

essentiellement à Paris. Horloge de parquet par L. Hestaux (1914) sur le thème du temps illustré avec les animaux symbolisant le jour : le paon, le coq et la nuit : le hibou, la chauve-souris. Tableaux de Majorelle, Martin et Sellier.

Salle 17.

Etonnant mobilier conçu et sculpté pour son appartement parisien par un savant linguiste d'origine vosgienne Ferdinand Brunot (1862-1955). L'inspiration naturaliste se situe dans une perception immédiate du motif et l'exécution n'est pas exempte de maladresse. Cette création individualiste atteste de la diffusion de l'idéal de l'Ecole de Nancy souvent réinterprété avec myopie. Le résultat, pour le moins curieux, évoque certains chefs-d'œuvre qualifiés de Kitsch.

Table de Vallin. Pare-feu de René Wiener. *Dans la forêt*, pastel de Degouve de Nuncques (1867-1935) artiste symboliste installé en Belgique. On remarquera encore un bureau d'étudiant par L. Majorelle (vers 1910) dont la recherche de simplicité et d'efficacité amorce le virage stylistique de l'après-guerre.

Salle 18.

Cheminée ornée de feuilles de platane et salon en noyer sur le thème de l'ombellifère par Camille Gauthier, fabricant à Nancy de mobilier plutôt bon marché, associé avec Poinsignon. Panneau de chêne sculpté : *Les ombelles* (1896-1897) provenant du vantail de la porte de la maison de Vallin, boulevard Lobau. Dans une grande vitrine sont disposés des objets usuels ou d'art décoratif, produits

Ernest Bussière : salière et vases, forme de capsule végétale, grès flammé, produits par Keller et Guérin à Lunéville vers 1898-1900. c.p.

d'après les modèles de E. Bussière par la faïencerie Keller et Guérin à Lunéville. Quelques pièces sont des créations des frères Mougin. Miroir à décor d'ombellifères et de nénuphars par Gruber. Plâtre de Prouvé et grès de Mougin.

Salle 19.

Chambre à coucher Corbin par Eugène Vallin, sculptures d'Auguste Vallin. Gruber : monumentale bibliothèque au « Grand duc ». Lampe de chevet Daum-Majorelle (vers 1903), grande berluse (vers 1911), vase aux baies rouges de Daum des années 20. Tableaux de Desch et Friant.

On retiendra surtout dans cette salle le mobilier de création parisienne qui tranche radicalement avec la production nancéienne : l'inspiration symboliste du coffre à bibelots en forme d'encoignure (1897) de Rupert-Carabin (1862-1932) et surtout la modernité de ligne des meubles d'Hector Guimard (1867-1942) : vitrine, fauteuil, bureau de dame qui refusent l'imitation servile de la nature.

Salle 20.

Sous le lustre de Gruber *Au gui l'an neuf*, le bureau aux fougères qu'il compose pour Charles Masson et qu'exécute l'ébéniste Schwartz exprime le souci de représentation sociale (1903-1904). A l'inverse, sa fonctionnalité apparaît réduite, témoin la petitesse des tiroirs du meuble-bureau. Le bronze ciselé intervient comme chez Majorelle quoique dans des positions de marquage limitées. L'influence de Vallin reste sensible même si la puissance est exprimée différemment. Dans la vitrine du meuble classeur, des sujets paysans et populaires d'E. Wittmann, statuettes exécutées en grès par Mougin.

Sélection de reliures d'art très représentatives d'un secteur florissant de l'Ecole de Nancy à l'intérieur des vitrines de la bibliothèque. *La peine capitale* par Emile Friant illustre l'ouvrage de Lenôtre *La guillotine et les exécuteurs des arrêts criminels pendant la Révolution* (1893). Paul-Emile Colin livre une série de paysages dont un coucher de soleil sur Sion pour *La colline inspirée* de Maurice Barrès (vers 1915). De Jean Lurçat, futur rénovateur de la tapisserie française, un décor de paon parmi le feuillage d'un marronnier pour la revue *Art et Industrie* (1910). Les reliures de Camille Martin sont les plus belles. Citons le décor, astres et soleil, avec les douze signes du zodiaque destiné à recevoir l'agenda du Bon Marché illustré par E. Grasset (1893), le portefeuille *L'estampe originale* (1894) décrivant une presse d'imprimerie avec une ramure de platane et coloquintes en automne, enfin le buvard *La mélancolie* — « il reste la mélancolie quand le bonheur s'en est allé », douce évocation des

feuilles mortes et des chardons à l'arrière-saison (1893). A noter les jumelles stéréoscopiques d'Henri Bellieni, fabricant d'appareils photographiques dont le boîtier est recouvert d'un décor en cuir par son ami Prouvé, lui-même photographe averti (1900). La première face évoque la nuit avec un grand duc perché sur une branche tandis que la seconde figure naturellement un aigle dans le soleil, incarnation de la lumière et du jour.

Verrerie d'Argental — marque des cristalleries de Saint-Louis — montrant la cathédrale de Metz. Verreries industrielles de la firme Gallé. Lampadaire de style déjà géométrique par Majorelle et Daum, destiné au Président Poincaré.

Si la richesse du musée de l'Ecole de Nancy est évidente avec le mobilier, souvent exceptionnel, il ne faut pas oublier la présence importante de la verrerie, en particulier les verreries précieuses de Gallé provenant pour certaines de la collection d'Henry Hirsch, l'amateur éclairé, ami et commanditaire du créateur nancéier. Ces pièces sont exposées traditionnellement dans différentes salles et leur présentation est susceptible d'être modifiée. Il a donc semblé plus judicieux de les regrouper tout en insistant sur les œuvres les plus caractéristiques.

Un broc à cotes irrégulières en verre légèrement opalescent dévoile des eaux dormantes, troublées par les dépôts, perception illusionniste encore renforcée par les applications à chaud. Le vase *L'escargot des vignes* en verre blanc à décor gravé et émaillé, intailles et émaux translucides en relief orné d'or (1884) constitue un nouvel exemple de collaboration avec V. Prouvé pour le dessin ; mais cette fois, la fantaisie l'emporte et gouverne le triomphe de Bacchus où les gros escargots retiennent toute l'attention. La coupe *Noctuelles* (1890-1900) transfigure dans la lumière les insectes gravés à la roue en des ombres diaphanes et éphémères, aux ailes quasi incandescentes. A noter sur un vase non terminé, de beaux essais de marqueterie de verre aux couleurs franches et vives (vers 1898). Une coupe vide-poches en forme de coquille marine au graphisme fluide. Cette pièce apparaît singulièrement moderne en rapport de sa date de création (1899) avec le contraste du noir, du bleu-paon — cuivre et fer — sur la surface incolore.

Vase à long col *Chrysanthèmes* d'inspiration extrême-orientale à décor émaillé et doré si riche et complexe qu'il rend presque opaque le matériau verre. Le vase *Fourcaud* (1904) doit son nom au professeur d'esthétique et d'histoire de l'art à l'Ecole nationale des Beaux-Arts de Paris, biographe de Gallé en 1903. Si la référence formelle aux aiguières du XVIIIe siècle, également présente dans la céramique, est réelle, le cristal soufflé à deux couches, taillé et gravé, avec son décor de fleurs de laurier et applications, suscite des jeux de matière nuancés et des tons de camée d'une rare poésie. Beau vase aux iris, avec décor dégagé à la roue et inclusions polychromes. Enfin, *Les pins de Ravenne*, une coupe en cristal triplé, ciselé, gravé, martelé, constitue une pièce d'exception créée en 1903 pour le mariage d'Henry Hirsch. Sur le piédouche, cette phrase gravée : « Sous les pins de Ravenne aux bruissantes cigales / Ils écoutaient leurs cœurs battant à l'unisson », témoigne avec une extrême sensibilité d'une atmosphère d'ombres chaudes, de crissements d'insectes dans un sous-bois odorant.

D'autres verreries de Gallé : *Nuit japonaise* (1900), *Les fonds de la mer* (1903), cristal à plusieurs couches gravé, avec des inclusions métalliques et applications dont les harmonies rougeoyantes et les effets pourpres éveillent le souvenir des bancs de corail. Le vase *La Berce des prés*, encore baptisé *L'angélique*, cristal à deux couches, filigrané, marqueté à inclusions et applications, est un modèle créé en 1900 et présenté à l'Exposition Universelle dans une atmosphère de doute et d'inquiétude liée à l'affaire Dreyfus. Gallé grave parmi les ombelles un message d'espoir : « Nos arts exhaleront des senteurs de prairies / Altruisme et beauté parfumeront nos vies ». Le vase *La Soude*, cristal triplé, gravé, martelé, à inclusion de platine, fut commandé à Gallé en 1903 par Solvay à l'occasion de la commémoration des 30 ans de l'usine de Dombasle. Des cristaux de soude se dressent sur le pied et des coulures glissent sur la panse du vase tandis que se révèle parmi les fumées et les vapeurs l'architecture métallique d'un paysage industriel auquel Gallé, devançant les artistes modernes des années 20, était fort sensible.

Quant au vase en cristal sur piédouche *Géologie*, commandé par la faculté des sciences de Nancy en hommage à un de ses géologues, il exprime l'intérêt de Gallé pour la minéralogie avec ses formes étoilées, rectangles ou prismes, arêtes vives et vapeurs, immobiles mais nées des plus grandes mutations, presque abstraites dans l'imbrication des couleurs et l'étonnant travail de gravure. Le vase gargoulette « Seulette suis... », cristal soufflé à deux couches (1889) est une œuvre mélancolique habitée par une libellule solitaire, des tonalités crépusculaires et les veinures grises et noires marquées dans le verre. Il y est inscrit : « Seulette / suis / seulette veux être » et sous la pièce : « Fait par l'amant / des / frissonnantes libellules / Emile Gallé / »... La verrerie ancienne inspire la forme d'un vase en verre bullé en long col fragile, délicatement gravé de vers de Théophile Gautier : « La pluie au bassin fait des bulles / Les hirondelles sur le toit / Tiennent des conciliabules / Voici l'hiver, voici le froid ! » A signaler également le vase cornet « Les Têtards » avec son bouillonnement de vie (1900). A gauche de la cheminée. Vase *La nuit* avec un socle en métal et gravé sous la base « Escalier de cristal, Paris » (vers 1877). La recherche pour ce décor symboliste, aujourd'hui conservée au Musée des Arts Décoratifs à Paris, est due à Victor Prouvé. Très beau vase aux primevères dédié à Mme Lemoine, l'épouse de Victor Lemoine, le célèbre horticulteur, qui a su obtenir de multiples variétés de fleurs, voisin et ami de Gallé (1884). Verrerie « Nautile », verre blanc soufflé partiellement taché de bleu, décor gravé et doré avec intailles. Enfin, à l'instar de l'exemple précédent, un vase, cette fois tubulaire, qui emprunte sa forme à

l'Extrême-Orient (vers 1900). La surface presque noire et opaque est traitée avec une économie de moyens toute japonaise : à l'extrémité d'une tige fragile, une fleur éclate d'un jaune violent comme un pavillon flottant dans le crépuscule.

Le musée possède aussi une petite sélection de verreries Daum dont on distinguera un vase berluse aux pavots en verre double gravé, une des premières verreries florales dédié par Antonin Daum à sa sœur en décembre 1894. Verreries d'Argental, de Muller, Nicolas, Walter...

Une courte promenade dans le jardin sous les fleurs du magnolia, parmi les ombellifères complètera agréablement la visite. On s'attardera auprès de l'aquarium construit par Lucien Weissenburger (cf. guide de A à Z) ainsi que devant l'ancien portail des ateliers Gallé, avenue de la Garenne réalisé par Vallin (1897). Là encore, « Ma racine est au fond des bois » s'y révèle comme le principe vital de toute une vie. On se dirigera vers le fond du parc sans omettre le portail en fer forgé à décor de chardons exécuté par le ferronnier parisien Emile Robert (1900). Là, se dresse la chapelle funéraire de Mme Nathan, épouse d'un critique d'art très connu. Ce monument au réseau floral mouvementé, autrefois édifié dans le cimetière de Préville (cf. promenade architecturale n° 5) est dû à l'architecte Gérard et au sculpteur parisien Pierre Roche. A l'intérieur, deux petits vitraux en forme de pétales dus à Henri Carot représentent des roses rouges et blanches perdant peu à peu leurs pétales (avant 1904).

MUSÉE DES BEAUX-ARTS

PLACE STANISLAS - Tél. : 83.37.65.01, Poste 2803

Ouvert tous les jours sauf le lundi et le mardi, de 10 h 30 à 18 h sans interruption.

Essentiellement consacré à la peinture européenne du XIVe siècle à nos jours, le musée des Beaux-Arts abrite depuis 1986 près de 160 pièces de verrerie provenant pour l'essentiel de la collection personnelle de la Cristallerie Daum. Cet ensemble prestigieux présenté dans un espace spécifique et luxueusement aménagé, offre l'éventail le plus significatif de l'activité et de l'évolution des productions Daum depuis les débuts des années 1890, la période art nouveau — fleuron de l'exposition — jusqu'aux créations art déco. et aux réalisations récentes. Il n'est pas possible de décrire ici toutes les œuvres et seule une sélection significative est proposée au lecteur. En raison d'impératifs de présentation, le numérotage pourra faire l'objet de modifications.

Vitrine 1.

Les premières créations. Travaillant pour une clientèle fortunée et de plus en plus importante, Daum produit des services de table en verre transparent et de forme simple dont la décoration se limite à un émaillage parfois souligné par une gravure à l'acide ou rehaussée d'or sur les bordures, tel le service de table florentin de 1890 à décor de fleurettes et d'insectes (n° 1 à 5). A cette époque, la décoration est souvent d'inspiration éclectique : palmettes, entrelacs (n° 7

et 11), paysages peints en noir à la manière du XVIIe siècle (n° 2 à 16). En fait, l'objectif est d'introduire un peu de rêve dans les objets quotidiens, témoin le délicat paysage de rivière si proche de la décoration des porcelaines peint sur une bonbonnière de 1891 (n° 17). L'histoire régionale fournit également de nombreux sujets d'illustration dans le contexte patriotique de la Lorraine mutilée *Jeanne d'Arc et Dom-Rémi-La-Pucelle* (n° 8). D'autres influences ne tardent pas à se manifester. Les « nénuphars et hérons » d'un élégant vase à trois anses d'une forme inspirée d'une poterie kabyle offrent un graphisme léger et calme à la japonaise tandis que la transparence du verre bleu ciel suggère la profondeur de l'espace et la fluidité de l'étang, 1894 (n° 20). Bien plus, la *Coupe aux iris d'eau*, en verre légèrement coloré de violine semble annoncer l'esthétique art nouveau, vers 1895 (n° 19). Les fleurs peintes de plusieurs tons d'or épousent harmonieusement la forme du vase et la gravure à la roue fait une apparition remarquable.

Vitrine 2.

Si le japonisme est encore sensible, les formes et les techniques se diversifient. Ainsi, sur un vase (n° 23), le décor gravé à l'acide dégage sur la panse des motifs de nénuphars rehaussés de grisaille et d'or alors que le

Daum : vase « Nénuphars ». Nancy, musée des Beaux-Arts.

col est orné de libellules en émaux en relief et or. La citation de Victor Hugo : « Et des roses sortaient des eaux / et des esprits sortaient des roses » rappelle l'importance des verreries parlantes chères à Emile Gallé, encore représentées chez Daum avec un vase de 1897 aux savants dégradés évoquant l'ambiance de Noël (n° 22) ainsi que sur un vase avec application orné de ces vers de Victor Hugo : « Ainsi tu resteras comme un lys, comme un cygne, blanche et pure le front marqué d'un divin signe » (n° 29). A noter, la présence d'une lampe de parquet de 1911, composante essentielle de l'atmosphère « aquarium » des intérieurs (n° 30).

Vitrine 3.

L'inspiration japonisante s'estompe au profit d'une esthétique plus directement art nouveau, marquée par une invention et une diversification des procédés. « Vase aux libellules », 1904 (n° 34) : de grandes libellules aux ailes diaphanes — applications et gravure à la roue —

s'envolent vivement de l'étang — vitrification et gravure à l'acide. Le vase *Les lys dans la lumière* (n° 32) fut offert par Antonin Daum à son neveu lors de son mariage le 12 juin 1913. Des lys blancs, symboles de pureté et gravés dans un verre à cinq couches superposées émergent d'un terreau riche en végétaux tandis que sous un ciel aux riches colorations brille une étoile dorée. A noter la présence bientôt rare de la figure humaine avec le vase en forme d'amphore : *Tristan et Iseult*, 1898 (n° 36) une pièce qui se situe à la lisière du symbolisme et témoigne de l'admiration d'Antonin Daum pour Wagner. Ce « groupe silhouette sur fond crépusculaire et vapeurs irisées » a été réalisé en collaboration avec Jacques Gruber pour l'étude des figures. Important travail de gra-

Daum : Tristan et Iseult, vase en forme d'amphore, collaboration de J. Gruber. 1898. Nancy, musée des Beaux-Arts.

vure à la roue. Enfin, des pâtes de verre tel le *baguier à l'hermine*, 1908 (n° 33) où le matériau fait la démonstration de ses qualités plastiques et Henri Bergé celle de son talent de modéliste.

Vitrine 4.

Sélection de grandes pièces décoratives gravées à l'eau-forte dont les thèmes célèbrent la nature. La technique est celle du verre multicouche coloré par des poudres revitrifiées ; des décors végétaux sur fond gravé à l'acide sont emprisonnés entre plusieurs couches plus ou moins retravaillées. *Les mûres*, grand vase cornet, vers 1909 (n° 37), vase conique, vers 1909 (n° 39), *La chute des feuilles*, 1901 (n° 38) d'une grande richesse de tons, *Les fruits de l'églantier*, vase fuselé à col cintré, vers 1913 (n° 41), *Cœur de Jeannette*, vase à col à deux points asymétriques, vers 1910 (n° 42). Le vase *Arbres en automne*, 1911 (n° 44) suggère l'univers impressionniste par ses subtiles combinaisons de tons tandis que la lampe de chevet *Coprin*, vers 1906 (n° 40) évoque certains champignons à haute tige des bois.

Vitrine 5.

Ensemble d'œuvres spectaculaires aux formes organiques résultant pour l'essentiel d'un travail d'application à chaud. La volonté d'imiter, voire de confondre la nature y est totale. *Vigne-vierge à l'automne*, vers 1905 (n° 45) : le choix d'une végétation tombante est fréquent car il permet de couvrir librement la panse du vase. *Buire aux raisins*, 1910 (n° 47) d'une vigueur plastique inhabituelle et

Daum : vase « La forêt ». Vers 1910. Nancy, musée des Beaux-Arts.

d'une violente polychromie automnale. Les grappes de raisin si réalistes sont formées par une application à chaud grain après grain. *Feuilles de marronniers à l'automne*, 1907 (n° 48), un vase en haut relief au dégradé impressionniste. *Cendrier au crabe*, 1912 (n° 49) dans le goût des aquarelles du japonais Takashima. Vase *Colchiques roses*, 1909 (n° 50) aux tonalités délicates. Vase *Coloquintes*, 1910 (n° 51) dont l'intérêt essentiel tient à l'étroite relation entre le verre soufflé et la pâte de verre opaque et sculpturale.

L'*Urne aux chardons rouges*, 1909 (n° 52) est presque inquiétante tant les feuilles épineuses semblent emprisonner le pied de la coupe.

Vitrine centrale.

Diverses techniques y sont évoquées avec des œuvres de très belle qualité. Un broc *Blé et cigales* de 1905 (n° 54) offre un fond soigneusement préparé, détourage à l'acide, applications à la peinture et aux rehauts d'or lesquels ajoutent éclat et brillance. Cette pièce est à comparer avec un broc à côtés irréguliers en verre légèrement opalescent et applications, dû à Emile Gallé et conservé au musée de l'Ecole de Nancy.

Quelques exemples de martelés très caractéristiques. Ainsi, le vase *Tournesols*, 1894 (n° 58), un des premiers martelés, avec des motifs floraux travaillés en intaille et camée. Le résultat dut être considéré comme très réussi car, en 1896, Antonin Daum le dédia à son frère Auguste : « Pour mon meilleur ami », gravé en doré sur la partie haute. Deux autres beaux martelés : vase aux *Acacias bleus*, 1898 (n° 59) avec gravure à la roue sur chaque fleur, vase ovoïde *Jonquilles et muguets*, vers 1899 (n° 60) en verre opalescent multicouche, décor floral obtenu par la gravure à l'acide. Un choix de fleurs en verre où ornement et structure se trouvent en étroite symbiose : *Eglantine rose*, Exposition Universelle de 1900 (n° 66) où une fleur délicate s'ouvre sur une tige de verre obtenue par étirement à chaud, les feuilles étant rapportées par application. Cette prouesse technique caractérise également l'*Anémone pulsatille*, vers 1910

(n° 67), le *Chardon de Lorraine*, vers 1900 (n° 70) et la célèbre *Tulipe*, vers 1912 (n° 71). A noter un curieux gobelet marbré, vers 1910 (n° 73) avec application de papillon aux reflets dorés, thème que l'on retrouve sur le vase *Chenilles et papillons*, vers 1910 (n° 76). Mais cette fois, ce sont les chenilles qui retiennent l'attention dans leur promenade sur le verre marbré repris à la roue.

On remarquera encore une lampe chardon, 1900 (n° 74) résultant de la collaboration avec Louis Majorelle et une lampe perce-neige, 1905 (n° 63) à monture également métallique, caractéristiques du développement et de l'orientation du luminaire chez Daum. Pour terminer, deux verreries, Volubilis et Liseron, vers 1914 (n° 78 et n° 79) qui par le dépouillement formel et le retour à la transparence préfigurent l'évolution d'après la Première Guerre mondiale.

Vitrine 7.

Quoique souvent distantes dans le temps, ces pièces témoignent pour la plupart d'un équilibre subtil entre une mise en œuvre de procédés complexes et la simplicité des formes, en particulier dans l'utilisation du répertoire floral. Ainsi, deux verreries parmi les plus intéressantes sont distantes de vingt ans mais présentent des qualités poétiques voisines, exaltées par la science du verrier. *Pluie d'orage*, 1900 (n° 85) est un bel exemple de décoration intercalaire : à l'intérieur du verre, les cimes des arbres couchés par le vent annonciateur de l'orage balayent de lourds nuages alors qu'en surface, les escargots sortent aux premières gouttes de pluie. Le dessin en noir et blanc offre une netteté qui s'accorde parfaitement avec la forme du vase. Le *Crabe dans la mer*, vers 1920 (n° 93) exploite la même veine poétique toujours grâce à la décoration intercalaire. Il s'agit, cette fois, d'exprimer le mystérieux milieu aquatique : parmi les algues flottantes et les particules en suspension agitées par la mer, un gros crabe noyé dans le verre lève ses pinces vers une proie. Toute une série de verreries bullées (n° 87, 89, 90, 91). A signaler, *Hêtre en automne*, vers 1910 (n° 81), un vase à col aplati sur piédouche avec deux anses posées en application, décor de feuillage obtenu par la gravure à l'acide.

Vitrine 8.

L'esprit des années 20 anime cette production qui délaisse la figuration, découvre la géométrie et porte sa réflexion sur l'expressivité de la couleur et de la matière pure. On remarquera tout particulièrement une coupe basse en verre bleu nuagé avec des paillons d'or en sous-couche, soufflé dans une monture en fer forgé de Louis Majorelle (n° 94), une jarre à long col, vers 1924 (n° 95) et une potiche ronde au col rabattu, 1922 (n° 101) en verre transparent enrichi de feuilles d'or et inclusions avec de gros cabochons de couleurs différentes.

Vitrine 9.

Lampe *Eglantine* (n° 105). La vasque lumineuse en verre doublé gravé à l'acide et à la roue repose sur un étonnant pied en fer forgé, aux feuilles de métal déchiquetées. Cette lampe présentée à l'Exposition Universelle de 1900 fut d'abord une lampe à pétrole avant de recevoir une ampoule.

Vitrine 10.

Le décor végétal ne disparaît pas dans les années 20 : il évolue profondément. Il ne s'agit plus de décrire avec précision le motif mais d'en exprimer l'essence par le biais d'une stylisation décorative. La vision de la nature se codifie, son analyse se fait plus distante. A l'opulence encore perceptible sur l'*Urne aux raisins roses*, vers 1914 (n° 109) succède davantage de simplicité et le retour à la transparence. Cette période moins connue de la production Daum est ponctuée de réalisations de belle qualité. Citons parmi celles-ci quelques pièces à décor en application : un *Vase aux baies bleues* (n° 110), une *Coupe aux raisins mauves*, vers 1920 (n° 111), un *Vase aux chatons orangés* en verre bullé, vers 1920 (n° 112), un *Vase aux baies rouges et brindilles noires* (n° 113)...

Vitrines 11, 12 et 13.

Ensemble très complet de verreries à dominante art déco. Le décor géométrique, souvent répétitif triomphe avec le retour de la couleur, cependant limitée à une stricte monochromie, témoin le vase *Les épis*, 1925 (n° 130). Parfois, le rejet de la figuration est plus radical et sur une urne vert électrique, vers 1935 (n° 135) le décor de triangles ciselé à l'acide par morsures successives semble inspiré de dessins industriels. Si certaines lampes, 1929 (n° 142) ont conservé leurs formes d'avant 1914, l'absence du motif végétal, l'action de l'acide sur le verre clair affirment un souci constant d'actualisation de la production. D'autres, 1930 (n° 118) subissent plus directement l'influence art déco. en sacrifiant au culte de la ligne et de l'angle droits. Egalement art déco., les potiches à col étroit représentant des biches, 1924 (n° 133). A signaler encore, les bols à oreilles plates, vers 1925 (n° 120) dont les formes dépouillées renouent avec la verrerie antique.

L'exposition se termine par une sélection de pièces en cristal produites depuis la fin de la Seconde Guerre mondiale : coupe *Verseau*, 1950 (n° 152), vase *Sirius*, 1950 (n° 155) dont une réplique fut offerte au Président Vincent Auriol. La dernière pièce, la coupe *Nevada* de Mc Connico créée en 1987 semble résumer, dans le rapport harmonieux du cristal et de la pâte de verre, à la fois l'héritage du siècle et la volonté d'innovation de Daum.

Le visiteur ne quittera pas le musée des Beaux-Arts sans se rendre au dernier niveau où sont présentés des tableaux d'artistes ayant soutenu ou collaboré à l'action de l'Ecole de Nancy ; de Victor Prouvé : Un portrait de femme, d'Emile Friant : *La Toussaint* (1888), *Idylle sur la passerelle* (1888), *Jeune femme dans un paysage de neige* (1887). Le musée possède aussi des œuvres de Charles de Meixmoron, Victor Guillaume et Etienne Cournault.

Le visiteur qui souhaite se familiariser davantage avec l'univers de la création chez Daum pourra se rendre rue des Cristalleries où un espace important est consacré à la découverte du verre et du cristal : exposition de pièces anciennes, panneaux historiques, audio-visuel, démonstration par une équipe de verriers... *Entrée libre. Cristallerie Daum, 17, rue des Cristalleries, 54000 Nancy. Tél. : 83.36.44.01. Ouvert tous les jours sauf le dimanche de 9 h 30 à 12 h 00 et de 14 h 30 à 18 h, 17 h le samedi. Démonstrations le matin et le samedi.*

MUSÉE HISTORIQUE LORRAIN

64, GRANDE-RUE - Tél. : 83.32.18.74
Ouvert tous les jours sauf le mardi, de 10 h à 12 h et de 14 h à 17 h ; 18 h le dimanche, jours fériés et en été

Fondé en 1850 par la Société d'Archéologie Lorraine, le Musée Lorrain présente dans l'ancien palais ducal un ensemble de collections exceptionnelles évoquant tous les aspects de l'histoire régionale des origines au tournant de ce siècle. C'est donc vers les dernières salles que le visiteur intéressé par l'art nouveau dirigera ses pas. La part de l'Ecole de Nancy y est modeste mais, en particulier grâce au legs René Wiener, le contexte local et l'environnement de la création y sont décrits avec justesse.

● Se rendre directement au 3e étage et dépasser les salles consacrées au Second Empire et à la guerre de 1870.
Evocation de l'activité économique sous la Troisième République : faïencerie de Lunéville, verrerie de Portieux... et figures d'entrepreneurs : Antoine Louis Lefèvre (1814-1880), créateur de la biscuiterie Lefèvre-Denise, peint par Victor Prouvé (1880), Antoine Corbin (1835-1901), le fondateur des Magasins Réunis, l'imprimeur lithographe Jules Royer (1845-1910) par Emile Friant, Albert Bergeret (1859-1932) et sa famille, un des inventeurs de la carte postale illustrée, d'après un tableau de Victor Prouvé (1901). Les deux dernières personnalités sont associées directement à l'activité de l'Ecole de Nancy.
Affiches par Camille Martin — celle de l'exposition d'art décoratif de 1894 —, Victor Prouvé, Paul Colin... Vitrine présentant différentes œuvres exprimant le patriotisme lorrain : coupe Daum avec chardons dorés et émaillés (1893), bronze d'art et bijoux lorrains conçus par Ferdinand Kauffer, fabricant joaillier, membre du Comité directeur de l'Ecole de Nancy.

● 2e étage - Portrait de René Wiener par Victor Prouvé (1929).

Salle 1 : L'essor des Lettres et la vie intellectuelle au XIXe siècle.

Les historiens lorrains : Henri Lepage (1814-1887), buste par Ernest Bussière ; Augustin Digot (1815-1864), Henri d'Arbois de Jubainville (1827-1910), François Désiré Mathieu (1839-1908). L'Université avec l'orientaliste Emile Burnouf (1821-1907), le professeur Alfred Mézières (1826-1915), les historiens Emile Gebhart (1839-1908) et Christian Pfister (1857-1933), les mathématiciens Charles Hermite (1822-1901) et Henri Poincaré (1854-1912), cousin germain de Raymond Poincaré, le doyen Ernest Bichat (1845-1905) et Hippolyte Bernheim (1840-1919), professeur de médecine et chef de file de l'Ecole hypnologique de Nancy. Médaille en son honneur par Victor Prouvé (1910).

Vitrines centrales : Les personnalités littéraires de la deuxième moitié du XIXe siècle.

Certains écrivains ont pu contribuer par la place qu'ils occupaient dans la vie intellectuelle de leur temps au rayonnement des arts lorrains. Citons parmi eux les frères de Goncourt — portrait d'Edmond de Goncourt (1822-1896) par Raffaelli — et Roger Marx (1859-1913), critique d'art parisien, d'origine nancéienne, ami de Wiener et de Gallé, propagateur dans la capitale de l'art décoratif moderne. Présentation de Maurice Barrès, romancier, journaliste et homme politique (1862-1923), en étroite relation avec Gallé entre 1892 et 1898. Le portrait de l'auteur à Tolède par Ignatio Zuloaga (1914). Son ami Stanislas de Guaita (1861-1897), le rénovateur de la Rose-Croix. Citons aussi les écrivains Emile Moselly (1870-1918), André Spire, Henri Berr (1863-1954), le chansonnier Georges Chepfer (1871-1945) et le poète symboliste Gustave Kahn (1859-1936). Evocation du Messin Paul Verlaine (1844-1896), présent à Nancy en 1893 pour faire une

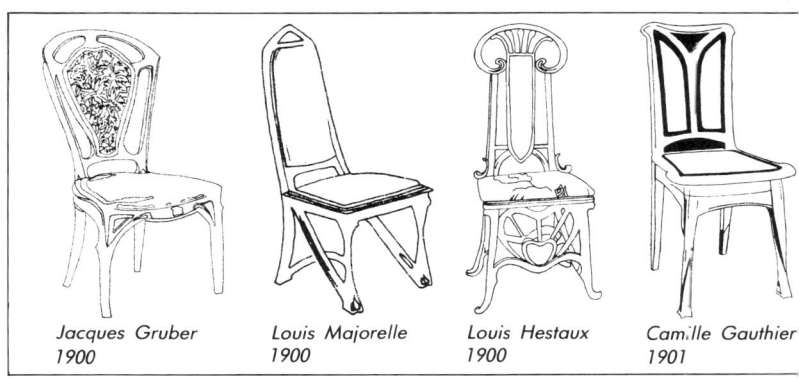

Jacques Gruber
1900

Louis Majorelle
1900

Louis Hestaux
1900

Camille Gauthier
1901

conférence sur la poésie française contemporaine. Gallé lui offrit un verre avec une dédicace gravée, verre dans lequel le poète buvait son absinthe. Celui-ci fut acheté l'année suivante par Wiener, à Paris, chez un libraire chargé de le vendre pour le compte de Verlaine.

Tableaux lorrains du XIXᵉ siècle : Ecole romantique, naturaliste. Voir particulièrement l'*Atelier du peintre* par Henri Royer et *Le sculpteur Bussière dans son atelier* par Emile Friant. Intéressant *Portrait d'Emile Gallé* par Louis Hestaux qu'il faut rapprocher du *Portrait d'Emile Gallé* exécuté par Victor Prouvé en 1892 (Musée de l'Ecole de Nancy). Du sculpteur Mathias Schiff (1862-1886), autoportrait, 1882. Son buste par Alfred Finot (1876-1946).

Salle 2 : Visages de Nancy à la fin du XIXᵉ siècle.

Documents évoquant les transformations du cadre urbain : abords de la gare et construction de la basilique Saint-Epvre (1864-1875) par Prosper Morey (1805-1886). Aspects de la vie sociale et artistique ra-

contés par la réclame, les prospectus et la peinture. Choix judicieux de tableaux d'artistes locaux : œuvres de Lucien Quintard, d'Edmond Petitjean, *La rue des Carmes* par Charles de Meixmoron, *La porte Saint-Georges* (1878), *Le sport nautique, Les bords de la Meurthe* (1889) et *La rue de la Croix-de-Bourgogne* (vers 1890) par Emile Friant. Bel ensemble de toiles et d'aquarelles dues à Léon Voirin (1833-1887) qui, avec son frère Jules (1833-1898) fut un subtil conteur de la vie quotidienne nancéienne : *Intérieur de la gare* (vers 1880), *Le palais ducal restauré en 1881, Le cours Léopold* (vers 1885), *Les courses de Nancy, La place de la Gare en 1887*.

Dans la galerie : *Portrait de Gyp* par Aublet (1885), pseudonyme littéraire de Sibylle-Gabrielle-Marie-Antoinette de Riquetti de Mirabeau, Comtesse de Martel (1850-1932). L'écrivain a dressé dans *Souvenirs d'une petite fille* (1928) un tableau pittoresque et savoureux de « Nancy-La Coquette ». Portrait de Lucien Wiener, conservateur du Musée Lorrain de 1869 à 1907 par Victor Prouvé.

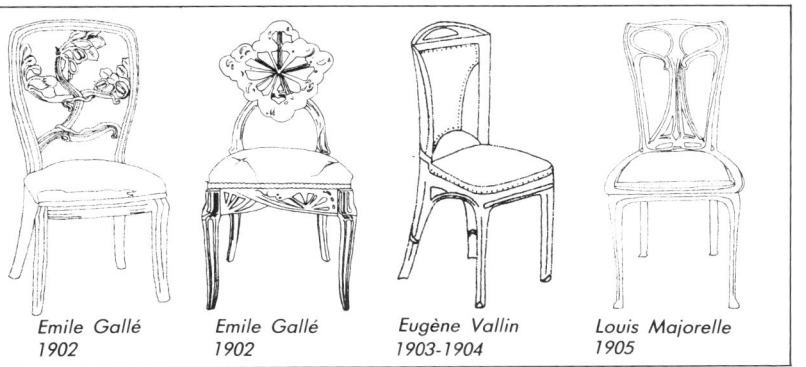

Emile Gallé
1902

Emile Gallé
1902

Eugène Vallin
1903-1904

Louis Majorelle
1905

LONGWY - MUSÉE MUNICIPAL

PORTE DE FRANCE, RUE DE LA MANUTENTION, 54400 LONGWY-HAUT - Tél. : 82.23.85.19

Ouvert tous les jours, sauf mardi, de 9 h à 12 h et de 14 h à 18 h.

C'est davantage l'art nouveau que l'Ecole de Nancy qui s'exprime timidement dans cet ensemble exceptionnel de faïences et d'émaux rares de Longwy. La manufacture, dont l'origine remonte à 1798, commença à diversifier sa production après 1865 sous l'impulsion des fils du Baron d'Huart, le propriétaire de l'entreprise. La période des émaux débute vers 1872 au moment où l'inspiration japonaise avec ses motifs floraux et ses oiseaux majestueux devient très importante. Toutefois la qualité des productions attira bientôt des artistes de renom, tels Carrière, Croisy..., d'où quelques inclinaisons art nouveau intéressantes. On s'arrêtera devant les grands panneaux muraux de Schuller, particulièrement devant une composition d'une grande virtuosité représentant un perroquet dans un décor de ferronnerie et de branchages de magnolia, avec effets de filigrane. Parmi les pièces éclectiques ou japonisantes, voir également des exemples de faïence courante à motif floral souple et linéaire (fin XIXe-début XXe siècle) ainsi qu'un vase en faïence fine, forme moulée, décor d'émaux réactifs de grand feu. L'influence de l'art nouveau — on pense aux recherches de Delaherche — y est manifeste. Quelques créations art déco. intéressantes.

Les œuvres, présentées dans un cadre agréable, sont fréquemment renouvelées. Une documentation librement consultable est à la disposition des visiteurs.

A proximité de Longwy, le musée privé de la faïencerie Saint-

Jean l'Aigle présente des céramiques de l'Ecole de Nancy : Gallé, Majorelle, Mougin. essentiellement. *L'accès se fait sur rendez-vous. Renseignements au Château de la Chiers, 54440 Herserange-Longwy. Tél. : 82.24.58.20.*

LUNÉVILLE - MUSÉE DU CHÂTEAU

54300 - Tél. : 83.73.18.27 (poste 257)

Ouvert tous les jours, sauf mardi, de 10 h à 12 h et de 14 h à 18 h, 17 h d'octobre à mars.

Bien connu pour sa collection de faïences du XVIIIᵉ siècle, ce musée présente également un petit ensemble de productions très marquées de l'esprit de l'Ecole de Nancy. On remarquera sur la gauche en entrant des céramiques de Lunéville et Saint-Clément dont, tout particulièrement, les pièces d'un service de table décoré par le céramiste parisien Edmond Lachenal (1855-1930) et produit vers 1900 par la faïencerie Keller et Guérin à Lunéville. De la même époque et dus cette fois au Nancéien Ernest Bussière, une gourde aux lézards et vase en grès de grand feu, à glaçure lustrée.

Une vitrine est spécialement consacrée à Gallé céramiste : les célèbres chats de la marque Gallé-Reinemer (vers 1870), des lions héraldiques formant chandelier (vers 1873) ou encore des assiettes d'un service à dessert *Allégories*, faïences à décor polychrome de petit feu (vers

1870). La pièce la plus curieuse est sans nul doute une cocotte en faïence de Saint-Clément, décor en camaïeu rouge de petit feu, imitant les objets en papier. La mention « Démolissons-la » illustre la querelle de la porte

Les frères Muller, verreries, Lunéville, musée du Château.

Saint-Georges à Nancy, menacée de démolition de 1878 à 1882 par la création de la ligne de tramway.

Vitrine avec des grès de grand feu de Joseph Mougin, *Châtelaine en prière*, pichet *Ivresse de Silène*. Quelques œuvres art nouveau et art déco., dont les modèles ont été créés par des artistes nancéiens : Henri Guingot, Gaston Goor et Géo Condé. Une dizaine de verreries de formes très diverses, décor floral et décor de paysages, gravées à

l'acide et applications forment un bon échantillon de la production des frères Muller.

Dans la section peinture, à côté d'un grand vase d'ornement à décor de chrysanthèmes et de papillons, modèle créé par le peintre Alfred Renaudin pour les faïenceries Keller et Guérin (vers 1893), un dessin au fusain d'Emile Friant : *Le miroir de poche* et par Victor Prouvé une étude pour la décoration de la mairie d'Issy-les-Moulineaux (1898).

MEISENTHAL - MAISON DU VERRE ET DU CRISTAL

PLACE ROBERT-SCHUMAN, 57960 - Tél. : 87.96.91.51
et 87.96.83.95 (mairie)

Ouvert de Pâques au 30 juin et du 1er octobre au 1er novembre, de 14 h à 16 h, les jours ouvrables ; de 14 h à 18 h samedi-dimanche ; du 1er juillet au 30 septembre, tous les jours de 14 h à 18 h. Visites guidées toute l'année sur rendez-vous

A 100 km de Nancy, dans le parc naturel régional des Vosges du nord, à mi-chemin entre Haguenau et Sarreguemines, célèbre pour son industrie de la céramique, se trouvait une verrerie qui fonctionna de 1704 à 1969. C'est dans un de ses bâtiments, au-dessus d'anciens fours que la Maison du verre et du cristal a été aménagée. Les différents espaces recréés évoquent avec didactisme les étapes de la fabrication et de la transformation du verre : la halle et son four, l'atelier du mouleur, celui de taille et de gravure,... aujourd'hui encore

animé par des artisans. Une luxueuse présentation rend attractive la sélection d'objets utilitaires et prestigieux fabriqués

Ernest Bussière : vase en grès flammé produit par Keller et Guerin à Lunéville, c.p.

à Meisenthal (marque Burgun Schwerer-Lothringen) et dans la région. L'Ecole de Nancy y est représentée avec des artistes liés au pays de Bitche : Christian, Daum, Muller et, tout spécialement Emile Gallé dont les liens avec la famille Burgun, propriétaire de la verrerie, furent étroits. Ce fut même grâce à Mathieu Burgun, responsable de la fabrication que Gallé tint le meilleur de ses connaissances dans la pratique de l'art du verre. Bien que la fabrique fût située en territoire annexé après 1870, le créateur nancéien y conserva l'atelier de décor, dirigé par le peintre Désiré Christian, puis par son fils. Les relations avec Meisenthal durèrent jusqu'à l'installation de la cristallerie de Nancy en 1894.

La maison du verre et du cristal présente également des

Paul Nicolas : vase « Pies et libellule ». Remiremont, musée Charles de Bruyères.

pièces produites par la célèbre et toute proche cristallerie de Saint-Louis-lès-Bitche. Cette verrerie du XVIe siècle qui mit au point le cristal pour la première fois en France, en 1781, ne resta pas insensible à l'esthétique art nouveau. Elle créa des pièces de style naturaliste réalisées selon des techniques en vigueur chez les Nancéiens : des couches de couleur successives attaquées à l'acide et à la roue. Cette production démarra au début des années 1890 et se poursuivit jusque dans les années 30. Elle est signée « d'Argental », traduction française du mot Munze (monnaie), de Müntzthal et du suffixe tal. La marque était suivie d'une croix de Lorraine.

Une quarantaine de verreries importantes (Lalique, Muller, Burgun-Schwerer, Gallé, Daum, Christian, Delatte, Saint-Louis) ont été volées à Meisenthal le 5 avril 1989.

Christian : vase à décor gravé d'iris. Meisenthal, Maison du verre et du cristal (volé le 5 avril 1989).

REMIREMONT
MUSÉE CHARLES DE BRUYÈRES

70, RUE CHARLES-DE-GAULLE, 88200
Tél. : 29.62.42.17, poste 38

Ouvert tous les jours sauf le mardi, le dimanche et les jours fériés, de 14 h à 17 h en janvier, février, mars, de 10 h à 12 h et de 14 h à 17 h les autres mois, 18 h l'été. Fermé en octobre

Le musée abrite une collection intéressante de faïences anciennes avec, pour le XIXe siècle, quelques pièces de Gallé exécutées à Saint-Clément : une jardinière, une faïence en forme d'alérion avec croix de Lorraine, une aiguière inspirée des modèles d'orfèvrerie du XVIIIe siècle. A signaler une amusante jardinière de Saint-Clément figurant un chou en trompe-l'œil.

Salle IX, un choix de verreries art nouveau d'où émerge un beau vase bleu au thème « pies et libellules » très japonisant dû à Paul Nicolas. Dans une vitrine, un petit ensemble, homogène et de qualité, de verreries incolores émaillées et gravées appartenant à la première période de Gallé (avant 1889) : coupe *La bergère*, vase *Chardon et croix de Lorraine*, belle composition *Dentelle et libellule*, plat au liseron signé Gallé « A la japonaise ». De Muller : vase marbré vert et rose, vase au feuillage roux avec pied en métal doré.

Une bonbonnière Ecole de Nancy en verre émaillé. Sous la marque « d'Argental » — les cristalleries de Saint-Louis — : un vase aux ancolies. Legras : vase au paysage d'hiver, Georges de Feure : *La danse* représentent le foyer parisien de l'art nouveau.

Bronzes d'Ernest Wittmann : *La paysanne, Les deux villageois*. Portrait au crayon de Charles et Louis Wittmann par Victor Prouvé (1929). Tableaux de Louis Guingot : *L'arbre mort*, Charles Wittmann et Pierre Waidmann (1860-1937), artiste néo-impressionniste, natif de Remiremont. D'autres de ses peintures, des céramiques, ainsi qu'un étonnant travail de marqueterie de style éclectique répandu sur le mobilier et dans tout le décor de sa maison sont visibles au musée Charles Friry, 12, rue du Général-Humbert (mêmes conditions de visite que pour la fondation Charles de Bruyères).

La découverte des œuvres de l'Ecole de Nancy conservées dans les Vosges pourra se poursuivre par la visite du musée de Saint-Dié. Si Jules Ferry, enfant du pays, en est la vedette incontestable, Emile Gallé et son faïencier, Adelphe Muller, de Raon-L'Etape, y sont aussi représentés. *Musée municipal de Saint-Dié, 11, rue Saint-Charles, 88100. Tél. : 29.55.21.56. Ouvert tous les jours, sauf lundi et jours fériés, de 14 h à 19 h.*

SARREGUEMINES MUSÉE MUNICIPAL

15-17, RUE RAYMOND-POINCARÉ, 57200
Tél. : 87.98.52.32, poste 349

Ouvert tous les jours, sauf le mardi, de 14 h à 18 h.

Une étonnante atmosphère fin de siècle règne dans le jardin d'hiver construit vers 1880 par Paul de Geiger, directeur des faïenceries de Sarreguemines qui emploient alors près de 3 000 ouvriers. Au centre, une fontaine monumentale en majolique est encadrée de part et d'autre par de grands panneaux de céramique représentant des vues de Sarreguemines. De chaque côté de la porte d'entrée, des allégories féminines évoquent la faïence et les différentes activités de la région. A proximité, des panneaux à motifs floraux signés G. Schuller donnent une discrète note art nouveau à cet espace chargé, colorié et éclectique. La qualité du lieu est encore renforcée par le contraste entre le décor riche et prenant et la fragilité des parois de verre opaques qui filtrent latéralement le jour. Différents aspects de la production de la fin du XVIIIe siècle à nos jours sont présentés : faïences fines, grès fins mats, assiettes décoratives, de surprenantes faïences lustrées et pour l'amateur, de la porcelaine à décor japonisant et des majoliques : bougeoirs, jardinières,... dans le goût art nouveau.

Dans la salle voisine, des poëles du XIXe siècle et de grands panneaux artistiques destinés à décorer des intérieurs, cafés, devantures de boulangeries et de boucheries. Certains furent demandés à des artistes connus de la fin du siècle : Jules Chéret, Steinlen (*Le Boulevard* 1902), Simas (Ville-d'Avray). A remarquer des panneaux à décor floral avec des hérons qui empruntent beaucoup à l'art des estampes japonaises ainsi que, dans l'entrée, une composition sur le thème du paon.

TOUL - MUSÉE MUNICIPAL

25, RUE GOUVION-SAINT-CYR, 54200 - Tél. : 83.64.13.38

Ouvert tous les jours, sauf le mardi, de 10 h à 12 h et de 14 h à 18 h du 1er avril au 31 octobre ; de 14 h à 18 h, du 1er novembre au 31 mars.

Installé dans les locaux de l'ancienne Maison-Dieu de Toul, ce musée entièrement rénové favorise la flânerie tout en offrant un panorama didactique s'étendant de la Préhistoire au XXe siècle. L'Ecole de Nancy y est modestement représentée au premier étage : vitrail de Jacques Gruber, une production de série à bordure florale encadrant une résille en verre blanc opaque. Quelques pièces industrielles signées « Gallé » : deux vases et une lampe de table en verre-camée, gravée d'un paysage montagnard sur le pied et d'aigles toutes ailes déployées sur l'abat-jour.

Buste de jeune fille par A. Carlis (1868-1930). Vases des faïenceries de Toul. Autour de la vitrine centrale, quelques toiles d'artistes lorrains contemporains de l'Ecole de Nancy : A. Renaudin (1866-1944), E. Friant (*Le pain*, 1888), H. Royer (1869-1919) ; (*Précoce*, 1888). Vases décoratifs ornés de trompes d'éléphants en faïence, de Toul-Bellevue (fin XIXe s.).

A noter, dans la salle des tapisseries, une faïence de Lunéville décorée par Majorelle dans le goût des paysages pastoraux du XVIIIe siècle, œuvre qui rappelle l'orientation de la maison nancéienne avant sa conversion à l'art moderne.

Avant de quitter Toul, on peut découvrir au centre-ville, non loin de l'église Saint-Gengoult, 15, rue Gambetta, la façade de l'ancien hôtel et café de la Comédie au graphisme puissant et délié.

MUSÉE DES ARTS DÉCORATIFS

107, RUE DE RIVOLI, 75001 PARIS - Tél. : (1) 42.60.32.14

Ouvert tous les jours (sauf lundi et mardi), de 12 h 30 à 18 h, le dimanche de 11 h à 18 h.

Le musée des Arts Décoratifs, formé par la Société de l'Union centrale des Arts décoratifs est installé depuis le 1er juin 1905 dans le Pavillon de Marsan, aile nord de l'ancien palais des Tuileries. Il contient de riches et très importantes collections d'art ancien et moderne.

On accède à la section art nouveau après avoir traversé l'espace luxueux réservé à l'art déco. En chemin, le visiteur notera la présence, à proximité de la salle de bain de Jeanne Lanvin, d'un beau vase géométrique de Daum (1925) puis, un peu plus loin, parmi les bijoux de Jean Després d'un pendentif destiné à Joseph Baker, orné d'un verre gravé du nancéien Etienne Cournault (vers 1930).

Hector Guimard introduit l'art nouveau avec l'ensemble mobilier conçu en 1903-1904 pour l'hôtel Nozal à Paris. La salle suivante est entièrement consacrée à Emile Gallé. Une première vitrine propose un résumé de ses créations en verrerie à partir d'une quinzaine de pièces de grande qualité acquises du vivant de l'artiste et concernant la période 1878-1903. Bien qu'elles soient souvent exceptionnelles, il n'est pas possible de toutes les évoquer ici, aussi nous limiterons-nous à quelques exemples significatifs.

A l'Exposition Universelle de 1878, Gallé présente un vase en verre « clair de lune », coloration nouvelle proche du ton saphir qu'il vient d'inventer. Le décor de camaïeu noir, d'émaux en relief polychromes et d'or apparaît aussi léger que subtil tandis que le sujet — la représentation de la carpe — fait indéniablement référence à l'art des estampes japonaises. Le vase *L'Escargot des Vignes* (1884) dont le musée de l'Ecole de Nancy et le Kunstindustrimuseum de Copenhague possèdent chacun un exemplaire lie astucieusement une forme organique — la conque — et l'esprit du XVIIIe siècle dans les figures intaillés d'un Bacchus enfant porté en triomphe sur un escargot. La coupe « Mon patrimoine est la Chimère » (Victor Hugo), exposée en 1889, offre un décor à la grecque avec de belles colorations sombres. La référence antique est également invoquée sur le vase *Deux fois perdue* (ou souvent *Orphée*) dont les personnages sont gravés d'après un carton de Victor Prouvé (1888-1889). L'allusion aux provinces perdues est ici sous-jacente. Plus claire est la citation : « Ce n'est pas pour toujours » (« Ce nome po tojo ! » en patois lorrain) inscrite sous la base d'un vase soufflé en 1888 et présenté à l'Exposition Universelle, l'année suivante. Cette espérance est appuyée par une autre inscription portée sur la partie supérieure : « De la gangue épaisse / Sa-

gesse pourrait, / comme un vase pur / m'extraire... » phrase qui peut aussi être interprétée en rapport à la technique et à la construction du vase ; les chardons lorrains gravés dans le verre blanc jaillissant d'une couverte brune. « / Seulette / suis / seulette veux être » est un modèle de gargoulette à décor de libellules créé en 1889, dont il existe plusieurs répliques (une au Musée de l'Ecole de Nancy). *Les Hippocampes* (1901), un vase en cristal soufflé à plusieurs couches et colorations intercalaires, patiné avec motifs appliqués et gravés à la roue, s'inscrit par sa dédicace à Joseph Reinach — Vitam impendere Vero — dans le contexte de l'affaire Dreyfus, dont Gallé fut un des ardents défenseurs à Nancy. Deux coupes : « De noir chagrin, douce améthyste console » (1887) et « L'amour chasse les papillons noirs » (1889).

La quasi totalité du mobilier exposé dans cette salle provient de la maison d'Edouard Hannon, 1, avenue de la Jonction à Bruxelles (1901-1903). Le choix du Nancéien pour l'aménagement intérieur ne doit pas surprendre outre mesure. Les origines lorraines de Mme Hannon et la réputation grandissante de Gallé ont sans doute constitué des arguments déterminants. Par ailleurs, l'appartenance de l'ingénieur Hannon à la Société belge Solvay est intéressante, puisque cette entreprise entretenait des rapports privilégiés avec la Lorraine et la région de Nancy. L'ensemble livré en novembre 1904 comprenait une salle à manger, un salon, une chambre à coucher, cheminée, lustres, appliques... Gallé étant très atteint par la maladie, la salle à manger et le salon exposés au musée ne firent pas l'objet de recherches très nouvelles et c'est Auguste Herbst, un de ses collaborateurs depuis 1898, qui semble avoir joué un rôle important pour les quelques pièces originales.

Le buffet desserte en noyer mouluré et sculpté, figure sur son vantail marqueté un champ d'avoine et des coquelicots, le panneau du fond étant occupé par une scène de moisson. Lui fait face un autre buffet animé dans les mêmes positions par un décor marqueté représentant d'une part un village pittoresque situé au bord d'un ravin et d'autre part un paysage de vignoble. Le morceau de bravoure est constitué par la marqueterie de la table *Les blés*, spectaculaire par ses dimensions, la qualité de la composition et de l'exécution. Une série de chaises en noyer l'accompagne ; ce modèle créé en 1902 s'inspire des fruits de la berce des bois. Remarquer que le décor du dossier est orienté soit à gauche, soit à droite. Sellette, écran papillon (1901-1902).

Le mobilier du salon a pour principe unificateur l'ombelle dont les premiers modèles de chaises furent créés en 1902 mais connurent plusieurs variantes jusqu'à une version postérieure à la mort de Gallé. Ici sont exposés une banquette à deux places, une chaise, un tabouret, tous réalisés en noyer ainsi qu'un important lustre en verre et bronze patiné. A noter une petite table *Sagittaire* dont un exemplaire figura à l'Exposition Universelle de 1900. Vitrine en noyer aux lignes sobres contenant quelques pièces de Gallé : gobelet et broc (1902),

vase chardon (1902), tasse et soucoupe en faïence émaillée.

En arrière du salon, présentation d'une importante série de verreries et faïences de Gallé. Certains vases portent de belles citations littéraires : « Le paradoxe bleu d'un fol hortensia » (Robert de Montesquiou) vers 1889 ; « Et le palais est plein de reines enchaînées » (Maurice Maeterlinck), 1889 et sur le vase *Africana* (1900) cette phrase très explicite de Victor Hugo : « Mais nous luttons / Esprits / nous vaincrons / Bien nous-mêmes ». Ce dernier exemple réalisé en verre soufflé à plusieurs couches, avec décor marqueté gravé à la roue, est orné d'une monture de Lucien Bonvalet exécutée en argent par Cardeilhac. Sur un socle en bronze patiné, vase *Fleurs d'eau* en verre soufflé à plusieurs couches avec colorations intercalaires et gravé à la roue (vers 1895).

La salle suivante restitue le cadre grandiose du Salon du Bois du Pavillon de l'Union Centrale des Arts Décoratifs à l'Exposition Universelle de 1900. A propos de cette réalisation due à Georges Hoentschel (1855-1915), Emile Gallé déclarait : « On s'y sentait dans une atmosphère d'art d'une recherche très résolument moderne », ... (« Le Pavillon de l'Union Centrale des Arts Décoratifs à l'Exposition Universelle » in Victor Champier, *Les Industries d'art à l'Exposition Universelle de 1900*). Ce salon fut modifié par Georges Hoentschel lui-même aux dimensions d'une galerie du Pavillon de Marsan à l'occasion de l'inauguration du Musée des Arts Décoratifs en 1905. Cet espace chargé et peu lumineux est investi par une grande quantité d'œuvres art nouveau de provenances diverses parmi lesquelles figurent des productions nancéiennes.

Ainsi la vitrine C est essentiellement consacrée à Gallé avec des verreries exécutées entre 1884 et 1893. Parmi les pièces les plus anciennes, un flacon en verre clair de lune soufflé avec émail et applications (1884). Faisons mention de plusieurs vases acquis à l'Exposition de 1889, d'un vase en verre soufflé à plusieurs couches et décor intercalaire réalisé en collaboration avec l'orfèvre Froment-Meurice pour la monture en vermeil (1889-1890). A noter une complémentarité de même ordre chez Daum avec un vase en verre soufflé à deux couches et gravé à la roue dont l'orfèvre Guerchat réalise la monture en argent et vermeil (vers 1898).

Gallé est également bien représenté dans la vitrine E : deux bols en faïence acquis en 1889 mais surtout une coupe en verre soufflé avec inclusions de feuilles d'or et décor émaillé (1884), un vase de 1889 : « De l'odeur du varech, je me suis enivré une fois, pour la vie elle m'a rendu triste » et un beau gobelet, *L'automne* (vers 1900) acheté à la vente Roger Marx en 1914.

Quelques vases de Daum en verre soufflé à plusieurs couches avec décor intercalaire et appliqué : *Iris* (gravé à la roue, vers 1900), *Libellule* (vers 1905), Coloquinte (vers 1910). Vase en faïence de la manufacture Keller et Guérin à Lunéville, vase *Gentiane* de forme géométrique en verre soufflé à plusieurs couches avec applications de cabochons et gravure à la roue dû à Gallé en 1900. L'éclairage insuffisant nuit particulièrement à la vitrine centrale où Gallé est encore représenté avec quelques œuvres : la coupe *Les Quatre saisons* (1878), un bassin aux camées avec médailles rapportés (1884) et une coupe d'inspiration persane de 1888.

Quelques meubles de Louis Majorelle sont exposés dans le fond de la salle : un canapé et un fauteuil en acajou mouluré et cuir repoussé, un guéridon aux nénuphars en acajou, amourette aux lignes élégantes soulignées par des bronzes dorés. Mais la pièce la plus spectaculaire est le piano demi-queue Erard pour lequel Victor Prouvé donne le carton de la marqueterie (1903). Celle-ci évoque un poème de Jean Richepin, chanson de l'homme au sable dans *Pour le glaive*. Le musée de l'Ecole de Nancy possède également un piano marqueté témoignant d'une collaboration Louis Majorelle - Victor Prouvé.

Naturellement on ne quittera pas cette salle sans s'intéresser aux œuvres des autres créateurs art nouveau, pour la plupart français : mobilier d'Eugène Gaillard (1862-1933), Edouard Colonna (1863-1948), Alphonse Mucha (1860-1939),... vitrail — *Le printemps* — d'Eugène Grasset (1841-1917), verreries de René Lalique (1860-1945), Alexandre Charpentier (1856-1909), pâtes de verre d'Henry Cros (1840-1907), François Decorchemont (1880-1971), Georges Despret (1862-1952), grès émaillés d'Auguste Delaherche (1857-1940), Jean Dunand (1877-1942), Ernest Chaplet (1835-1909), Jean Dampt (1853-1946), Jean Carries (1855-1894), bronzes — La *Loïe Fuller* — de Pierre Roche (1855-1922),...

MUSÉE D'ORSAY

62, RUE DE LILLE, 75007 PARIS - Tél. : (1) 45.49.48.14.
Entrée, 1, rue de Bellechasse

Ouvert le mardi, mercredi, vendredi et samedi de 10 h 30 à 18 h,
le dimanche de 9 h à 18 h, le jeudi de 10 h 30 à 21 h 45.
Ouvert à 9 h entre le 20 juin et le 20 septembre. Fermé le lundi.

Inauguré en décembre 1986, le musée du XIXe siècle présente dans l'ancien espace remodelé de la gare d'Orsay un ensemble d'œuvres prestigieuses couvrant tous les domaines de la création : peinture, sculpture, architecture, art décoratif, photographie, naissance du cinématographe. Les salles art nouveau sont réparties au niveau médian, côté Seine pour les réalisations belges et françaises. L'accès se fait par le point clé n° 9 où le visiteur dispose d'une rapide synthèse sur l'activité de l'École de Nancy. Deux espaces lui sont spécifiquement consacrés.

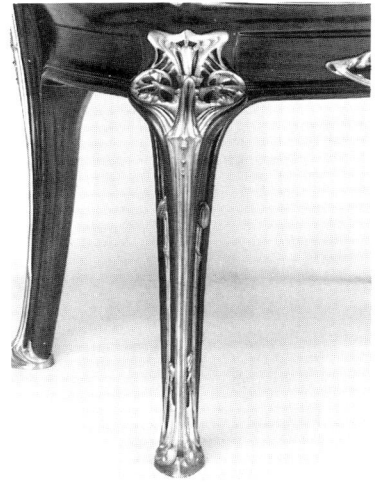

Louis Majorelle : bureau aux orchidées. Vers 1905-1909 (détail). Paris, musée d'Orsay.

Les collections apparaissent limitées par le nombre des pièces exposées, mais ce choix restreint favorise la découverte et l'étude d'œuvres de qualité. Louis Majorelle est particulièrement bien représenté avec quelques créations originales, ainsi un bureau et une bibliothèque aux orchidées datés entre 1905 et 1909. Le galbe des meubles en acajou de Cuba, amourette et cuir repoussé se trouve élégamment souligné par l'introduction, aux angles, de bronzes dorés d'inspiration naturaliste. Cette préoccupation constructive qui donne solidité et équilibre au meuble est encore présente dans le lit et le chevet aux nénuphars (1905-1909). Fauteuil et chaise en acajou de Cuba, modèle créé vers 1902-1903 et deux banquettes d'angle d'un graphisme léger et aérien réalisées en noyer verni façon acajou (1900). Eugène Vallin dont on ne connaît que peu d'œuvres est présent essentiellement avec le mobilier de la chambre à coucher Gaudin, le négociant en cuir installé, 97, rue Charles-III à Nancy, dans une maison construite par Georges Biet en 1899. L'armoire et le lit de padouk (1900) résument l'expression ferme et puissante de l'ébéniste, encore perceptible sur un trépied en acajou ayant servi de présentoir à affiches (1904). Est également ex-

Emile André, Eugène Vallin, Jacques Gruber : porte, salon d'essayage, magasin Vaxelaire à Nancy. 1901 (détail). Paris, musée d'Orsay.

posée une porte des salons d'essayage des Magasins Vaxelaire et Pignot à Nancy, fruit d'une collaboration Emile André, Eugène Vallin et Jacques Gruber pour la partie en vitrail (1901). Dans une vitrine quelques exemples de verreries Daum : des coupes — verre, décor gravé, émaillé, grivé, peint et doré — dont le modèle fut créé en 1893 à l'occasion de la visite des marins russes en France et un vase en cristal à plusieurs couches, décor gravé avec applications : *Le deuil violet des colchiques* (1893). Signalons aussi une lampe nénuphar composée d'une monture en bronze doré de Louis Majorelle et de cache-ampoules en pâte de verre dus à Daum Frères (vers 1902). Une autre vitrine est occupée par des œuvres d'Emile Gallé. Les pièces subtiles et délicates du service *Larmes* — un modèle créé en 1880 — sont en verre incolore et enfumé, avec appli-

cations et décor gravé, émaillé et doré. Plus récent — le modèle date de 1902 — le service *Chrysanthème* est en cristal et intègre des cabochons. Quelques belles faïences du service *Herbier* (modèle créé en 1868) : assiette, plat de service, tasse et soucoupe ; 6 coquetiers (vers 1877-1878), tasses et soucoupes du service, *animaux héraldiques* (1877-1878), enfin, à part, un grand plat d'ornement japonisant, une pièce unique de Gallé réalisée vers 1878.

Un espace spécifique regroupe des œuvres d'Emile Gallé ébéniste. Si l'étagère murale en noyer, érable avec une marqueterie de bois variés (1890-1892) et la table è thé en noyer (1897) sont de fabrication courante, bien que de belle exécution, d'autres réalisations apparaissent plus typiques de la démarche naturaliste du Nancéien, ainsi la sellette bananier en acajou (1897) et la célèbre berce des bois, un modèle de chaise de salon en noyer créé en 1902. A noter la marqueterie de la table à jeu *Gardez les cœurs qu'avez gagnés*, un modèle créé en 1895 et présenté à l'Exposition Universelle de 1900. Certaines œuvres sont exceptionnelles. C'est le cas de la vitrine *La flore hivernale* composée pour l'Exposition Universelle de 1889 et de la vitrine aux libellules — exposée dans la seconde salle — commandée par le magistrat Henry Hirsch en 1897 et terminée en 1904. La première est une luxueuse fantaisie d'esprit rocaille qui a pour fonction de « contenir les publications à images qui éclosent vers Noël et le nouvel an ». Les incrustations de bois variés et les glaces gravées au diamant figurent le houx, le sapin, le gui..., et les étoiles de neige. La seconde, ultime création de Gallé est plus directement art nouveau, moins dans le bâti sévère du meuble que dans le choix du thème de la libellule, apprécié du public. Dans la vitrine, quelques verreries remarquables : *Le Baumier*, vase de cristal soufflé à plusieurs couches avec inclusions de parcelles métalliques et décor gravé (1895, acquis la même année par l'Etat), un vase cornet en cristal (à deux couches, martelé, inclusions de parcelles métalliques, marqueterie, gravure, cabochons de verre collés) présenté par Gallé dans la vitrine des Granges à l'Exposition Universelle de 1900 ; enfin une curieuse coupe en cristal marbré, soufflé avec applications évoquant des coulures de soude (1903).

Dans les vitrines centrales, belle sélection de verreries de Gallé évoquant les principales étapes de sa production. D'abord des verres transparents qui reprennent des formes et des décors issus de la tradition historique, tel ce verre d'apparat à décor gravé, émaillé et doré « d'après Callot » (entre 1867 et 1876). Influence sensible de l'art japonais dont les motifs : insectes, fleurs se combinent avec des paysages occidentaux dans un pique-fleurs en verre « clair de lune » soufflé et craquelé avec applications décor peint, émaillé et doré, monture en bronze ciselé (vers 1878-1880). Divers verres transparents à décor gravé, émaillé, peint et doré : un bol à fumeur (vers 1878-1880), un flacon (1880-1884), une coupe (1880-1884) et deux vases datés des années 1884. L'un s'inspire directement

des modes héraldiques et porte autour du col cette inscription en lettres émaillées : « A cœur aimant tout possible » ; l'autre présente des amours en intaille jouant avec des escargots, une scène gravée dont le décor fut sans doute demandé à Victor Prouvé. « La limite des étangs », beau vase partiellement martelé, avec inclusions, décor gravé et émaillé, modèle créé en 1884.

Plus typiquement art nouveau, ces vases soufflés en 1891 *Les veilleuses d'automne* aux subtiles tonalités roses (cristal soufflé à plusieurs couches, couche superficielle partiellement martelée, décor gravé) et *Liseron d'octobre* qui porte, gravé en creux, ce premier vers d'un poème de Verlaine : « Vous vous êtes penché sur ma mélancolie » (cristal soufflé à deux couches, inclusions, décor gravé, base en cristal taillé et gravé). Une des pièces maîtresses de la collection est sans doute la coupe *Par une telle nuit* (1894), évocation d'une nuit bleue et profonde où scintillent les étoiles, véritable hommage à la musique inspirée des *Troyens*, l'opéra d'Hector Berlioz (cristal soufflé à trois couches, inclusions de parcelles métalliques or et platine, décor gravé, gravure partiellement dorée).

Dans ces vitrines, échantillon d'œuvres d'autres verriers importants : François Eugène Rousseau (1827-1890), Eugène Michel (1848-1904), Les frères Pannier, Ernest Leveillé, Karl Koepping (1848-1914). Vitrail d'Henri Carot d'après un carton d'Albert Besnard représentant des cygnes sur le lac d'Annecy (1890). Du nancéien Jacques Gruber, un vitrail mineur, mouettes et bord de mer, exécuté pour le salon de réception du château Dedyn dans les Ardennes Belges (1910).

Le visiteur peu pressé pourra se livrer à d'intéressantes comparaisons en gagnant les salles voisines où sont exposées des œuvres de tout premier plan dues aux autres grands créateurs art nouveau : les Belges : Gustave Serrurier-Bovy (1858-1910), Victor Horta (1861-1947) et Henry Van de Velde (1863-1957), les Français : Alexandre Bigot (1862-1927), François Rupert Carabin (1862-1932), Jean Carries (1855-1894), Alexandre Charpentier (1856-1909), Ernest Chaplet (1835-1909), Jean Dampt (1854-1945), Auguste Delaherche (1857-1940), Hector Guimard (1867-1942) et René Lalique (1860-1945). Au niveau médian mais sur l'autre aile, art nouveau international et évocation de centres importants : Vienne (Otto Wagner, Joseph Hoffmann, Adolf Loos), Glasgow (Charles-Rennie Mackintosh), et Chicago (Frank Lloyd Wright).

MUSÉE DU PETIT PALAIS

1, AVENUE DUTUIT, 75008 PARIS - Tél. : (1) 42.65.12.73
Ouvert tous les jours, sauf le lundi, de 10 h à 17 h 40.

Construit par l'architecte Charles Girault pour l'Exposition Universelle de 1900, le Petit Palais abrite une grande partie des collections artistiques de la ville de Paris. Celles-ci sont composées d'achats aux artistes et lors des salons annuels, depuis 1815, ainsi que de dons et de legs parfois fort importants, tel celui des frères Dutuit.

L'Ecole de Nancy n'est présente que par quelques pièces isolées mais d'un intérêt réel. On remarquera surtout un vase de Gallé, cristal soufflé à plusieurs couches avec inclusions d'or dont la forme est inspirée par la céramique grecque. Cette pièce à décor gravé de lis et marguerite fut commandée en 1896 par la comtesse Greffulhe qui la destinait à la princesse Margue-rite de Chartres, lors de son mariage avec le duc de Magenta. Gallé réalisa, en plus du vase offert, quatre épreuves semblables, dont celle du Petit-Palais constitue le numéro quatre. Sur la face principale de la pièce, gravés en creux, ces vers de Robert de Montesquiou : « Deux symboliques fleurs brillent sous votre voile / L'une a plus de douceur, l'autre plus de décor / La marguerite est perle et le lys est étoile / Entre leurs blancs rayons, tous deux ont le cœur d'or / ». Toujours de Gallé, un gobelet en cristal soufflé à trois couches d'un symbolisme mystique, orné d'une inscription tirée de l'Apocalypse : « Il n'y aura plus de douleur en ce monde » (1894). Un vase en cristal à décor d'orchidée qui figure sans doute parmi les premières mar-queteries de verre accomplies (1897-1898). Sur le bord supé-rieur de la pièce, cette citation de Maeterlinck : « Une belle chose ne meurt pas sans avoir purifié quelque chose ». Enfin un corps de lampe, cristal à trois couches et marqueterie de verre, socle en bronze patiné. Ce mo-dèle aux *Iris* fut créé vers 1899-1900, mais la pièce présentée est aujourd'hui transformée en ai-guière. De Daum, un vase en pâte de verre orné d'un crocus.

A noter une toile ample et géné-reuse de Victor Prouvé : *Séjour de paix et de joie.*

D'autres œuvres art nouveau d'Henri Cros (1840-1907), Tiffa-ny (1848-1933), Eugène Feuillâ-tre (1870-1916), des peignes précieux d'Eugène Grasset (1841-1917) et des pâtes de verre de Georges Despret (1862-1952). *(Présentation sus-ceptible d'être modifiée en rai-son des expositions tempo-raires).*

M U S É E   P A S T E U R

25, RUE DU DOCTEUR-ROUX, 75015 PARIS - Tél. : (1) 45.68.80.00

Ouvert tous les jours (sauf mardi, dimanche et jours fériés) de 14 h à 17 h 30. Fermé en août.

La visite du vaste appartement de Louis Pasteur est utile car, au-delà de l'évocation de la vie de l'illustre scientifique, elle ap-porte un éclairage intéressant sur la décoration des intérieurs bourgeois du XIXe siècle. Y figu-rent donc de nombreux objets familiers, souvenirs scientifi-ques, pastels dessinés par Pas-teur lui-même. Mais surtout il y est exposé le célèbre vase réa-lisé par Gallé et offert par les élèves de l'Ecole normale supé-rieure (1893). Bien que souvent citée et reproduite, cette œuvre apparaît plutôt mineure dans l'œuvre du verrier nancéien. Son intérêt réside essentiellement dans la connexion d'une inten-tion symbolique (le chien en-ragé, le microscope, les virus, un rayon de lumière) et de belles citations empruntées à Victor Hugo : « On verra le troupeau des hydres formidables / Sortir, monter du fond des brumes in-sondables / Et se transfigurer ; Toluifera Balsamum ; Je vais / méditant, et toujours un instinct me ramène / A connaître le fond de la souffrance humaine ». La réalisation — cristal soufflé à plusieurs couches avec inclu-sions, décor gravé, fixé sur un socle en bronze — est déce-vante, l'illustration ayant finale-ment supplanté l'expression ma-gique et mystérieuse de la ma-tière.

MUSÉE NATIONAL DES TECHNIQUES DU CONSERVATOIRE NATIONAL DES ARTS ET MÉTIERS

270, RUE SAINT-MARTIN, PARIS - Tél. : (1) 42.71.24.14

Ouvert tous les jours, sauf le lundi, de 13 h à 17 h 30, le dimanche de 10 h à 17 h 15.

Installé depuis 1799 dans les bâtiments de l'ancien prieuré de Saint-Martin-des-Champs, ce musée abrite de prestigieuses collections liées à l'histoire des techniques, sans doute parmi les plus riches du monde, près de 80 000 pièces dont 8 000 seulement sont exposées dans un cadre vieillot, mais non sans charme. La verrerie y trouve logiquement sa place.

Au premier étage, salle 28, des vitrines à caractère pédagogique expliquent la fabrication des pièces de verre, des panneaux décrivent le travail dans la halle ; mais surtout est exposée une sélection de verres et de cristaux réalisés par des fabricants du XIXe siècle et de notre époque : Lalique, Baccarat, Saint-Louis, Val Saint-Lambert. Daum est évoqué par un ensemble allant du tournant de ce siècle aux années 1950-1960. Les objets ne sont pas forcément de premier plan, mais techniquement ils offrent tous un intérêt. A remarquer un vase typique à goulot étroit, en verre doublé rouge au cuivre sur vert bouteille, gravure à l'acide avec effet de dégradé (1895), différentes pièces art nouveau (vase, fiole, potiche) et quelques vases en verre doublé gravé à l'acide fluorydrique (1925). Bien que modeste, un des objets les plus intéressants est un bol à talon avec deux oreilles rapportées en verre gris bleuté et taillé (1930).

L'attrait essentiel de cette salle tient à la présence, en son centre, d'une haute vitrine consacrée à Gallé dont la base est ornée de panneaux décrivant les étapes du travail du verre (collaboration d'Auguste Herbst). L'absence d'un éclairage spécifique rend l'étude des œuvres malaisée, surtout en hiver, lorsque la lumière du jour décline rapidement. Pourtant le visiteur aura intérêt à persévérer car de cette présentation serrée émergent de belles réalisations, voire des chefs-d'œuvre d'une maîtrise technique exceptionnelle. Leur origine permet d'ailleurs de mieux en mesurer la qualité. Certaines pièces ont été acquises par le Conservatoire national des Arts et Métiers lors d'expositions universelles, celle de 1889 par exemple ; d'autres lui ont été données directement par la Cristallerie Gallé vers 1905-1906.

On peut d'abord admirer diverses verreries réalisées à partir de techniques anciennes et complexes aux effets raffinés : décor gravé, émaillé et doré de toute beauté. Un vase de 1884 qui évoque par sa forme les aiguières en casque du XVIIIe siècle figure un cavalier persan et un combat de guerriers dans un décor de nielles. Le verre enfumé soufflé accueille gravure émaillée noir, émaux opaques en relief noir et blanc-gris cernés d'or, inclusions de feuilles d'or. Un vase honorifique présenté par Gallé à l'Exposition Universelle de 1889 a pour motif principal une salamandre environnée de rinceaux. Ce décor emprunté à la Renaissance est complété par une inscription gravée : « Mon courage double pour mon pays », allusion à l'espérance des Lorrains dont une partie des territoires a été annexée. La réalisation est techniquement étonnante : sur le verre blanc double, les motifs sont gravés, émaillés, dorés à l'extérieur mais aussi à l'intérieur ; de surcroît, des émaux bijoux polychromes sont incrustés sur la paroi intérieure, tandis que des émaux opaques polychromes apparaissent en relief sur la paroi extérieure. Gobelet haut sur pied émaillé (*Les Dames du temps jadis*), assiette en cristal avec émaux, jade (vers 1884), vase verre enfumé olive émaillé (vers 1889). Service à verres en verre cristallin soufflé, à décor gravé d'une grande pureté de dessin (broc, carafe, verres 1902). « Fait joyeusement par Emile Gallé » — cette inscription est gravée sous la pièce — en 1889, ce vase porte une citation de Sully Prudhomme : « Autour des fleurs obsédées palpitent les papillons blancs ». Pour figurer leurs ailes, le verrier utilise des fragments de verres blancs découpés et disposés entre deux paraisons de verre. Ce procédé annonce la prochaine invention de la marqueterie de verre dont le brevet est déposé par Gallé en 1898. Quelques exemples intéressants de cette dernière technique : beau vase au décor Iris (vers 1900), vase plat sur pied à motifs d'orchidées (1901), coupe *Ephémère* avec marqueterie de cristal (1902), vase à décor de papillon avec inscription gravée de vers de Leconte de Lisle, vase urne orné de chrysanthèmes...

Pour terminer, deux œuvres de qualité datées de 1904 : un vase en cristal soufflé à deux couches marbré, avec inclusions, applications, décor taillé et gravé ainsi qu'une coupe *Libellules* en cristal gravé avec plusieurs couches, inclusion, décor sous couverte et en application. Le premier exemple dont la forme est d'esprit XVIIIe siècle ressemble beaucoup au vase *Fourcaud* conservé au Musée de l'Ecole de Nancy. Cependant, l'exécution est ici moins raffinée et le décor floral différent (fleurs de lis martagon). Même chose pour la coupe *Libellules* dont il existe plusieurs pièces uniques, avec des variantes de détail qui personnalisent chaque exemplaire.

Quelques belles faïences : assiette en forme de feuille de bananier (1881), coupe *La lune rousse* figurant Pierrot, Colombine et Arlequin dans un croissant de lune (avant 1884) et le bassin *Qui vive ? France*, buste à l'allure victorieuse modelé par Victor Prouvé (1884).

GALLÉ DANS LES MUSÉES DE PROVINCE

(liste non exhaustive)

- **BOULOGNE-SUR-MER**
(Pas-de-Calais)

Musée d'art et d'archéologie
34, Grande Rue.
Tél. : 21.80.51.55, poste 485.
Ouvert tous les jours, sauf lundi et mardi, de 9 h 30 à 12 h et de 14 h à 18 h, le dimanche de 10 h à 12 h et de 14 h à 18 h.
En 1916, le legs Charles Lebeau (1842-1916), négociant en bois, enrichit le musée d'un bel ensemble de toiles du XIXe siècle : Corot, Boudin, Fantin-Latour..., ainsi que d'une importante collection de faïences et de porcelaines. La céramique de Gallé y est présente avec des pièces de très grande qualité acquises dans son magasin parisien au début de ce siècle. La donation comprend également de la verrerie, en particulier un vase en cristal avec applications et perles de verre collées, à décor d'orchidée, modèle présenté à l'Exposition Universelle de 1900 et dont Lebeau commanda une réplique à Gallé.

- **CHARENTON-LE-PONT**
(Val-de-Marne)

Musée du pain
25 bis, rue Victor-Hugo.
Tél. : (1) 43.68.43.60. *Ouvert les mardis et jeudis, sauf jours fériés de 14 h à 16 h 30. Fermé du 13 juillet au 1er septembre.*

Quelques pièces mineures de Gallé d'un intérêt anecdotique et curieux dans le contexte d'un panorama de l'histoire du pain.

- **COGNAC** (Charente)

Musée municipal
1, boulevard Denfert-Rochereau. Tél. : 45.32.07.25. *Ouvert tous les jours, sauf mardi, de 10 h à 12 h et de 14 h 30 à 18 h du 1er juin au 15 septembre ; tous les après-midi, sauf mardi, de 14 h 30 à 17 h 30 du 16 septembre au 31 mai.*
Ensemble remarquable de verreries de Gallé donné par James Boucher en 1940. Son père, Claude Boucher (1842-1913), maître verrier et fabricant de bouteilles de cognac fit des acquisitions très judicieuses, en particulier lors de l'Exposition Universelle de 1900. A remarquer le vase « La matière pour nous est matière à poésie », vers d'Emile Hinzelin, avec un décor peu fréquent à figure humaine (une jeune femme vêtue à l'antique souffle le verre) et surtout la grande communion de la nature, une coupe aux marqueteries magiques et quasi informelles.

- **CREIL** (Oise)

Maison Gallé-Juillet
6, allée du Musée. Tél. : 44.25.20.19, poste 1258. *Ou-*

vert tous les jours, sauf mardi et jours fériés, de 13 h à 17 h l'hiver, de 13 h 30 à 17 h 30 l'été.

Pas d'œuvres de Gallé mais un pèlerinage sentimental du côté de sa famille paternelle. Charles Gallé et Emile gardèrent d'ailleurs des liens étroits avec les cousins de Creil. Mobilier XVIIIᵉ s., néo-gothique... Beaux spécimens de faïence de Creil.

- **MULHOUSE** (Haut-Rhin)

Musée de l'impression sur étoffes
3, rue Bonnes-Gens. Tél. : 89.45.51.20. *Ouvert tous les jours, sauf mardi et jours fériés, de 10 h à 12 h et de 14 h à 18 h.*

Une dizaine de verreries de Gallé acquises en 1911 par un groupe d'amateurs et offertes au Musée des arts décoratifs de Mulhouse.

- **REIMS** (Marne)

Musée Saint-Denis
8, rue Chanzy. Tél. : 26.47.28.44 ou 26.88.34.86. *Ouvert tous les jours sauf mardi de 10 h à 12 h et de 14 h à 18 h.*

En 1907, le legs Henry Vasnier, négociant en vins et directeur des champagnes Pom-

Emile Gallé : foudre géant, collaboration d'Auguste Herbst et de Paul Holderbach. 1903-1904. Reims, caves Pommery.

mery permet l'entrée au musée d'un ensemble exceptionnel d'œuvres de Gallé. Si la salle à manger commandée en 1891 (la célèbre *Table aux herbes potagères*) fut retirée du legs sans que l'on puisse la localiser aujourd'hui, le mobilier présenté apparaît déjà très remarquable ; ainsi la commode, *Le champ du sang*, écho du drame des Arméniens massacrés en 1894-1896, l'étagère *Les ombellifères*, deux modèles créés vers 1900. De 1903, un guéridon ayant également appartenu à H. Vasnier mais entré seulement en 1941 avec le legs Grangé. L'ensemble est complété par des verreries de grande qualité : un vase spectaculaire « Les globes / fruits vermeils / des divines ramées » / (Victor Hugo), un grand calice orné de raisins jaunes et violets... Ces deux pièces acquises à l'Exposition Universelle de 1900 rappellent l'orientation professionnelle de leur possesseur.

A noter la présence dans les caves de la maison Pommery d'un foudre de 700 hectolitres exécuté par la tonnellerie Frühinsholz à Nancy et destiné à l'Exposition de Saint-Louis en 1904. Sur la face antérieure, Gallé, avec les collaborations d'Auguste Herbst et d'Holderbach, symbolise dans une allégorie grandiose l'amitié des Etats-Unis et de la Champagne.

● **SAINT-GERMAIN-EN-LAYE** (Yvelines)

Musée du Prieuré
2 bis, rue Maurice-Denis.
Tél. : 39.73.77.87. *Ouvert tous les jours, sauf lundi, mardi et jours fériés, de 10 h 30 à 17 h 30 ; 18 h 30, les samedis et dimanches.*

Maison du peintre Maurice Denis consacrée au symbolisme et aux Nabis : Bonnard, Vuillard, Gauguin..., Faïences de Gallé.

● **TROYES** (Aube)

Musée des Beaux-Arts et d'Archéologie
1, rue Chrétien-de-Troyes.
Tél. : 25.73.49.49. *Ouvert tous les jours sauf mardi, de 10 h à 12 h et de 14 h à 18 h.*

Bel ensemble d'art décoratif comprenant des œuvres de Gallé mais aussi de Daum, Lalique, Marinot...

À LA DÉCOUVERTE
DE L'ARCHITECTURE

Si l'architecture apparaît parfois comme une expression mineure de l'Ecole de Nancy, elle a considérablement marqué le paysage urbain à tel point qu'aujourd'hui elle est souvent perçue comme le signe principal de la présence de l'art nouveau à Nancy. Dans son approche, le visiteur trouvera ci-après six itinéraires pratiques de découverte, un répertoire alphabétique comportant cinquante et un édifices analysés avec détail ainsi qu' un rappel des architectures Ecole de Nancy désormais disparues. Il s'agit là d'une présentation des réalisations les plus significatives, ce guide n'ayant pas pour vocation d'enregistrer toutes les traces mineures, souvent tardives qui témoignent de l'audience importante du mouvement nancéien.

A la belle saison, les visites nocturnes ne sont pas forcément à exclure, certains édifices faisant l'objet d'un éclairage spécifique.

Des pommes de pin , un des motifs les plus caractéristiques du décor Ecole de Nancy, soulignent la qualité des œuvres d'art et des monuments.

 intéressant    très intéressant    exceptionnel

Afin de faciliter la lecture du guide de A à Z, une grille de pictogrammes est proposée. Les cases se remplissent en fonction des caractéristiques du lieu décrit :

 accès possible pour le public

 vitrail

 ferronnerie de qualité

 décoration intérieure

D2 situation de l'édifice sur le plan

Itinéraire n° 1.
Le Nouveau Nancy

Cet itinéraire qui conduit le visiteur au-delà de la ligne de chemin de fer permet de découvrir un nombre important de maisons Ecole de Nancy, souvent marquantes, toutes édifiées dans des faubourgs en pleine mutation à la fin du XIXe siècle. 2 h à pied sans les visites.

Départ devant la gare S.N.C.F. Gagner l'avenue Foch où se dresse au n° 5 bis l'immeuble de l'Est Républicain avec sa tour-phare construit en 1912-1913 par Pierre Le Bourgeois. Puis remonter l'avenue jusqu'à la place de la Commanderie. Sur son chemin, le visiteur rencontre d'abord sur sa droite à l'angle de la rue Saint-Léon, la maison du Docteur Spillman par Lucien Weissenburger (1908). Remarquer presque en face, le décor colossal, hors d'échelle dans la rue, d'un immeuble de rapport contemporain de l'art nouveau (1903). Poursuivant sa route dans l'avenue Foch mais cette fois sur le côté gauche, au n° 41, maison du Docteur Jacques par Paul Charbonnier (1905), puis au n° 45, celle de Loppinet due à Désiré Bourgon. Au n° 69 et 71, deux immeubles ✹✹ remarquables (1902 et 1904) par Emile André. Pour une meilleure perception de l'architecture, il est recommandé de prendre place sur la terrasse qui leur fait face, à proximité de la Tour de la Commanderie, unique vestige de la commanderie Saint-Jean du Vieil Aître fondée en 1177.

Par la rue des Goncourt, dont l'aménagement régulier n'est sans rappeler les banlieues anglaises, rejoindre la villa Majorelle ✹✹✹, œuvre capitale due à l'architecte parisien Henri Sauvage *(visite en semaine sur rendez-vous au C.A.U.E. de Meurthe-et-Moselle, tél. 83.41.35.35)*. Prendre la rue du Vieil-Aître et en longeant les anciens ateliers Majorelle, gagner la place Paul-Painlevé puis la rue du Sergent-Blandan. Au n° 30 un peu en retrait dans un jardin, la maison du peintre Lejeune (1903) ✹✹ par Emile André *(on ne visite pas)*, puis au n° 38, le musée de l'Ecole de Nancy ✹✹✹.

Le touriste qui dispose d'un peu de temps peut se permettre deux extensions intéressantes à ce circuit. Toujours en remontant la rue du Sergent-Blandan, une perpendiculaire, la rue Félix-Faure présente quelques belles demeures, de pittoresques maisons locatives dues à Emile André (n° 25) ou au promoteur-métreur César Pain (n° 24 à 28). Leur juxtaposition donne à cette artère une sensibilité balnéaire unique à Nancy.

Seconde possibilité : en longeant le lycée Chopin qui fait face au Musée de l'Ecole de Nancy, le visiteur peut profiter de la vue sur l'ensemble Nancy-Thermal, éphémère centre de cure et de villégiature construit par Louis Lanternier et inauguré en juin 1914. Pénétrer dans le parc Sainte-Marie, agréable lieu de repos qui, en 1909, accueillit l'Exposition internationale de l'Est de la France. Seule la maison alsacienne de Paul Charbonnier rappelle le souvenir de cette manifestation. Buste de Victor Lemoine (1823-1911), le célèbre horticulteur, ami d'Emile Gallé. De l'entrée principale, perspective sur l'avenue Boffrand et ses beaux hôtels particuliers des années 1900 et 1925. L'Ecole des Beaux-Arts (1906-1909) leur fait face. Ce programme revendiqué par les artistes de l'Ecole de Nancy fut confié à un architecte académique René Patouillard-Démoriane.

Du musée de l'Ecole de Nancy, retour vers la gare par la rue Pasteur : au n° 51, maison du peintre Renaudin par Lucien Bentz (1902), puis au n° 41 demeure d'Eugène Biet par Georges Biet (1906). Prendre la rue de Graffigny, puis la rue Christian-Pfister qui ouvre à son extrémité sur la rue de la Commanderie. A l'angle de la rue Jeanne-d'Arc, pharmacie Jacques par Lucien Bentz (1903) et au n° 22 rue de la Commanderie maison de l'architecte Biet 🌸🌸 (1901-1902) pour sa famille avec la collaboration d'Eugène Vallin *(on ne visite pas)*. Par la rue de la Commanderie, on rejoint directement l'avenue Foch et la gare.

Itinéraire n° 2.
Le parc de Saurupt

Accès du centre-ville par la ligne d'autobus n° 8. 20 mn à pied.

En 1901, deux jeunes architectes, Henry Gutton et Emile André, projettent de lotir les dix-huit hectares du parc de l'ancien château de Saurupt et d'y construire quatre-vingt-huit villas d'une grande variété de surface, de plan et d'élévation. Ces propriétés isolées au milieu de jardins paysagers et desservies par des rues fermées la nuit composeraient un quartier résidentiel autonome, hors du réseau de voirie municipal et mal relié au centre-ville par le tramway. Ce sont ces inconvénients et l'ambition même du propos qui vont modifier en 1906 la conception générale de ce projet séduisant, marqué par les expériences anglaises des cités-jardins. « Le bois féérique avec ses palais enchantés » tel que le décrivait l'historien Emile Badel ne connaîtra qu'un développement résiduel. Sur une quinzaine d'édifices, cinq seulement s'inscrivent dans la mouvance de l'art nouveau.

En venant de l'avenue du Général-Leclerc, accès au parc par la rue des Brice, à l'origine fermée par une grille due à Emile André. Au n° 2 loge du concierge ; à gauche l'entrée a été défigurée par la démolition d'une intéressante villa de Gutton et Hornecker (1904) et la construction d'une maison particulière inadaptée à l'environnement. Au n° 5, villa « Les Glycines » 🌸 par Emile André (1902) puis en face, au n° 6, villa « Les Roches » du même Emile André dont la terrasse est d'adjonction plus tardive. Poursuivre dans la rue des Brice jusqu'au rond-point Marguerite de Lorraine, Intéressante villa art déco. « Les Cigognes » par Charles Masson (1923). Au-delà, nombreuses variations du promoteur-métreur César Pain sur le thème de la maison à deux travées.

Prendre l'avenue du Général-Clinchant en direction du boule-

Emile André : villa « Les Glycines ». 1902. 5, rue des Brice, Nancy.

vard Clemenceau mais tourner à droite rue du Maréchal-Gérard. Au n° 8 autre intéressante création art déco. due à Charles Masson (1926). A l'angle de la rue du Colonel-Renard, au n° 3, la pittoresque villa Marguerite ✹, œuvre de Henri Gutton et Joseph Hornecker (1905) puis en remontant vers le boulevard Clemenceau (au n° 1), villa de l'industriel Lang par Lucien Weissenburger (vers 1907) qui témoigne par ses volumes heurtés du rejet brutal de l'art nouveau. Retour à la rue du Général-Leclerc en passant devant le n° 77, importante demeure suburbaine construite par Léon Cayotte en 1908.

Itinéraire n° 3.
Au centre-ville

L'organisation d'un circuit de visite y est complexe du fait même de la dispersion des édifices art nouveau dans le tissu urbain. Ainsi le bel hôtel particulier ✹✹✹ construit en 1903-1904 par Lucien Weissenburger pour l'industriel Albert Bergeret ne figure pas dans cet itinéraire, le faubourg Saint-Pierre apparaissant trop excentré pour une visite à pied. Cette remarquable création de l'Ecole de Nancy devra donc faire l'objet d'une promenade particulière. Quant aux intéressantes demeures du Cours Léopold, elles sont rattachées à un autre circuit spécifique (n° 4). *1 h 30 à pied avec les visites.*

Départ devant la gare S.N.C.F. Traverser la place Thiers jusqu'à la brasserie Excelsior ### et l'ancien hôtel d'Angleterre dont la silhouette puissante fait l'angle des rues Mazagran et Henri-Poincaré. Cette réalisation due à Lucien Weissenburger et à Alexandre Mienville (1910) est le dernier témoignage architectural important de l'Ecole de Nancy. La démonstration n'en reste pas moins magistrale tant sur la façade que dans l'aménagement de l'espace intérieur, à la fois brillant et luxueux. La séduction opère tout particulièrement en soirée lorsque les lustres en cuivre ciselé de Majorelle illuminent les gerbes de fougères stuquées du plafond. L'Excelsior, à juste titre considéré comme un des plus beaux établissements d'Europe, est ouvert tous les jours jusqu'à 0 h 30 du matin. A quelques pas, au n° 40 de la rue Henri-Poincaré, l'immeuble de la Société industrielle de l'Est et de la Chambre de Commerce de Nancy et de Meurthe-et-Moselle construit par Emile Toussaint et Louis Marchal (1908). A remarquer les belles ferronneries évoluant vers la géométrie de Majorelle et, donnant sur la rue, les extraordinaires verrières ### de Jacques Gruber, véritables livres d'images consacrés aux paysages et aux activités industrielles de la Lorraine. Axée sur la porte d'entrée, la rue Chanzy qui, à son extrémité, débouche sur la place André-Maginot, un espace composite de par la diversité de ses constructions. Le visiteur y reconnaît de proche en proche : le temple protestant, autrefois église des Prémontrés

(début XVIIIe siècle), l'hôtel Lang de style éclectique qui abrite aujourd'hui la banque S.N.V.B. et les Magasins Réunis, actuel Printemps, reconstruit en 1926 par Pierre Le Bourgeois sur l'emplacement d'une importante réalisation de Lucien Weissenburger caractérisée par de nombreux ornements art nouveau (1907). Sur cette place ombragée, l'architecture de l'Ecole de Nancy se trouve représentée par un immeuble de Joseph Hornecker (1907) au n° 7 de la rue Chanzy tandis qu'au n° 9 se développe la façade imposante de l'ancienne banque Renauld (B.N.P.) ## édifiée en 1910 par Paul Charbonnier et Emile André. L'intérieur, accessible en semaine de 8 h 35 à 17 h 35 présente un bel espace qu'animent de remarquables ferronneries ## de Majorelle. La tour, d'inspiration à la fois médiévale et alsacienne fait l'angle avec la rue Saint-Jean, une des artères commerçantes les plus actives de Nancy. Après s'y être engagé, sur le trottoir de gauche, on découvre rapidement — 2, rue Bénit — la structure métallique et l'ornementation florale de la graineterie Génin-Louis ##, aujourd'hui intégrée à l'immeuble du C.C.F. Poursuivant sa route mais cette fois sur le trottoir de droite, le promeneur arrive à l'intersection avec la rue Raugraff. Au n° 13 de celle-ci, deux travées au graphisme souple et délié constituent les seuls témoignages subsistants des Magasins Vaxelaire et Pignot construits en 1901 par Charles André, Emile André et Eugène Vallin. La rue Raugraff ouvre sur la zone du marché et la place Henri Mengin où s'élève à l'ouest l'église Saint-Sébastien, œuvre d'esprit baroque due à J. Nicolas Jennesson (1720 à 1731). Par la rue piétonne, on rejoint la rue Saint-Dizier, artère vitale de la Ville-neuve tracée à la fin du XVIe s. Il est possible de se diriger vers le n° 64 où un décor architectural avec vitrail se trouve plaqué sur une façade ordinaire, mais on préférera gagner directement l'immeuble de la Société Générale #, au n° 42-44. Sur cette belle façade édifiée en 1903, Georges Biet et Eugène Vallin font une démonstration purement formelle mais réellement séduisante. Poursuivant sa route, le visiteur rejoint la rue Saint-Jean au Point-Central. Il est recommandé de reprendre cet axe dans son prolongement : la rue Saint-Georges. Au n° 7 bis, se dresse la façade monumentale et chargée du Crédit Lyonnais. L'attrait de cet établissement bancaire réside essentiellement dans la grande verrière aux clématites ## qui couvre l'ensemble de l'espace réservé au public. Cette œuvre de Jacques Gruber, exécutée par Charles Gauvillé est visible en semaine de 8 h 35 à 17 h 35.

La rue Saint-Georges est successivement coupée sur sa gauche par deux intersections. La rue des Dominicains à l'activité commerciale incessante offre une série de devantures art nouveau d'un graphisme discret au n° 4, 6, 19 et 29. La plus intéressante est sans conteste celle située au n° 4 avec son décor d'ombellifère dû à Vallin. Parallèlement, la rue Saint-Julien, plus tranquille, juxtapose l'ancien Casino de Louis Lanternier et un immeuble d'Emile André (1904).

La place Stanislas est à deux pas. Bien que l'ensemble Car-

rière, place Royale, place de l'Alliance ### sorte du cadre de ce guide, sa découverte constitue un temps fort de toute visite à Nancy. Emmanuel Héré a réalisé là les conditions d'un urbanisme exemplaire au XVIIIe siècle, ordonnant autour de la liturgie du prince toutes les activités de la cité. Les artistes de l'Ecole de Nancy et tout particulièrement Emile Gallé et Louis Majorelle ont été très marqués par la qualité de ces espaces et la beauté de leur décor. Ainsi, les célèbres grilles ### de Jean Lamour sont parmi les références qui ont nourri leur inspiration. Sur la face ouest de la place Stanislas, entre le musée des Beaux-Arts et le café du Commerce, commence la rue Stanislas. Dans la perspective de l'artère, on découvre la porte Stanislas, ouvre sur la place Thiers et la gare S.N.C.F., point de départ de ce circuit.

Sur la route du retour, s'arrêter rue Stanislas au n° 86 # devant la façade de l'immeuble Margot où Vallin se livre en 1906 à une brillante synthèse de l'art de la mouluration à partir de tiges végétales stylisées.

Itinéraire n° 4.
Entre cours et quai

De part et d'autre de la place Carnot se font face l'hôtel Simon de style néo-XVIIe siècle et le palais des Facultés, un édifice néo-renaissance aujourd'hui faculté de droit, dont la construction débuta en 1855. Ces deux œuvres dues à l'architecte, Prix de Rome, Prosper Morey, donnent le ton de ce circuit en partie consacré à une zone monumentale de Nancy riche en témoignages éclectiques de belle allure et ponctuée par des réalisations art nouveau intéressantes. *1 heure à pied.*

Dirigeant ses pas vers le Cours Léopold, un lieu de promenade ombragé gagné sur les anciennes fortifications, le visiteur dépasse l'obélisque érigé en 1896 à la mémoire du président Carnot, assassiné peu après son passage à Nancy. A l'origine deux statues et un médaillon en bronze dus à Victor Prouvé l'ornaient. Plus avant sur le Cours Léopold, la statue du Général Drouot, enfant et bienfaiteur de la cité par le sculpteur David d'Angers. Au-delà la vue est dégagée vers la porte Désilles et dans son axe la rue de Metz. Les immeubles art nouveau sont situés tous situés sur la face est du cours (n° pairs). Ainsi découvre-t-on successivement au n° 40 un immeuble de rapport (1903) construit par les architectes César père et fils, deux variations 1900 secondaires au n° 48 et 50, puis au n° 52 une maison particulière réalisée avec grand soin par Lucien Weissenburger, 1905. Enfin, à la hauteur de la porte Désilles, au n° 1, rue Charles-V, la maison ※※ que Lucien Weissenburger construisit pour lui-même s'impose comme une synthèse de qualité. La rue de Metz possède au n° 12 bis un témoignage intéressant mais limité de l'influence des ornements art nouveau sur l'éclectisme pratiqué par l'architecte Désiré Bourgon (1901).

S'engageant dans la rue Désilles, artère bruyante à la circulation intense mais bordée de quelques hôtels particuliers de style néo, on longe bientôt l'ancienne manufacture des tabacs, aujourd'hui le Conservatoire de musique et la récente bibliothèque publique pour rejoindre la voie de chemin de fer. Il faut tourner à droite, suivre le quai Claude Le Lorrain jusqu'au n° 92 et 92 bis. La maison Huot ※※ (1903) constitue un des exemples les plus significatifs des recherches très personnelles d'Emile André. Revenir sur ses pas et reprendre le quai Claude Le Lorrain jusqu'à son intersection avec la rue de la Ravinelle. A sa hauteur, remarquer côté voie ferrée la riche décoration polychrome d'une maison éclectique sise rue Isabey. La rue de la Ravinelle et la rue Lepois figurent sans doute parmi les artères les plus élégantes et les plus agréables de Nancy. Constituées de beaux hôtels particuliers construits après 1870 par les industriels, commerçants, membres des professions libérales qui assurent le dynamisme d'une ville en pleine croissance, ces rues ne présentent pas d'architectures Ecole de Nancy mais, par contre, elles expriment bien la qualité d'un art de vivre confortable et provincial. Rue de la Ravinelle au n° 38, maison où Maurice Barrès vécut lorsqu'il était étudiant de novembre 1880 à juillet 1882 et au n° 39 bel hôtel de la famille Vilgrain aujourd'hui occupé par le Goethe Institut. Le visiteur qui dispose d'un peu de temps pourra se promener dans ce quartier cossu et tranquille : Rond-point Lepois, Parc Blondlot et de l'autre côté des voies du chemin de fer — une passerelle piétonne permet de les traverser — rue Isabey, rue de Rigny où tout un réseau de ruelles agréables conduisent à des îlots de verdure hélas ! menacés.

La rue de la Ravinelle rejoint à son extrémité sud l'arrière de la faculté de droit et par le passage de Haldat on gagne directement la place Carnot point de départ de ce circuit.

Itinéraire n° 5.
Le cimetière de Préville

Cette courte promenade s'adresse aux passionnés de l'art nouveau et aux amateurs d'art funéraire. Elle n'offre pas de découvertes exceptionnelles mais permet d'aborder dans le détail certaines œuvres peu connues se situant dans la mouvance de l'Ecole de Nancy. *Ouvert de 8 h à 17 h du 3 novembre au 28 février ; 7 h 30 à 18 h du 1er mars au 31 mars ; 7 h à 19 h du 1er juin au 15 septembre ; 8 h à 18 h du 16 septembre au 2 novembre. Dimanches et jours fériés à 8 h selon la saison. 20 mn à pied.*

L'entrée principale se trouve à l'extrémité ouest de la rue Raymond-Poincaré, une des artères principales qui, à partir de la gare, filent tout droit vers Laxou. Le cimetière présente dans sa partie basse une importante succession de chapelles plus ou moins ostentatoires, érigées dans des styles divers, allant du néo-classicisme au néo-byzantin en passant par le néo-mauresque. Toutefois très évidente est la domination des monuments néo-gothiques, églises miniatures au décor souvent intéressant. Les vitraux y occupent une place importante et nombre d'entre eux ont été réalisés dans des ateliers ayant eu une production art nouveau (atelier Janin) ; certaines figurent même des motifs floraux (chapelle de la famille de l'architecte Désiré Bourgon).

Le monument le plus spectaculaire est sans conteste le tombeau de la famille Corbin dont l'ampleur traduit la vitalité d'un véritable empire commercial : les Magasins Réunis. Cette œuvre due à Lucien Weissenburger (vers 1900) est visible, à proximité d'un bouquet d'arbres, à droite immédiatement après avoir franchi le portail d'entrée. L'influence de l'Ecole de Nancy n'affecte que superficiellement le volume principal mais elle se perçoit davantage dans les détails de la construction : les incisions dans la pierre, la petite mosaïque florale ou les ferronneries, un jeu de lignes courbes et grêles que prolongent des bulbes décharnés. La figure éplorée du sculpteur Finot témoigne avec éloquence d'un souci de réalisme sensuel et poétique très début de siècle. Cette réalisation contraste fortement avec la tombe de la famille Gallé située dans la partie haute du cimetière, contre le mur donnant sur la rue de la Côte. Une simple tige végétale stylisée rappelle avec modestie les convictions du créateur nancéien. Ernest Bussière, Eugène Vallin et d'autres artistes ont travaillé pour la commande funéraire ; aussi la promenade invite à la découverte d'indices art nouveau souvent manifestes dans le métal, plus malléable que la pierre du marbrier. Sur la grille d'entrée de la chapelle Claudot-Bary, les plaques de métal découpées puis rivetées évoquent un langage expressif et puissant déjà affirmé dans le portail de la maison de l'architecte Biet, au n° 22, rue de la Commanderie.

Un seul exemple de sépulture peut revendiquer entièrement la référence art nouveau. Il s'agit d'une chapelle funéraire ❀ élevée au cimetière de Préville mais aujourd'hui déplacée dans le parc du musée de l'Ecole de Nancy (cf. p. 78).

Cette promenade peut être complétée par une visite au cimetière du Sud, à Vandœuvre-lès-Nancy, où sont enterrées un grand nombre de célébrités et de personnalités locales de la fin du siècle dernier. Dans l'esprit des œuvres art nouveau, voir en particulier, le long du mur à gauche en entrant le monument de la famille Frühinsholz et la chapelle Bergeret édifiée par Lucien Weissenburger. Nombreux décors avec réminiscences « 1900 » fabriqués en série dans les années 1925.

Itinéraire n° 6.
Art nouveau en Meuse

Indissociable du paysage nancéien l'architecture « moderne » a diffusé son influence en Lorraine au début de ce siècle.

Peu présente en Moselle car le territoire était annexé par le IIe Reich, elle a tout de même pu s'exprimer à Metz : dans le restaurant Moitrier (aujourd'hui disparu) grâce à Vallin, sur la façade et la devanture métallique de l'actuelle B.N.P., 18, rue Ladoucette.

Elle est mieux implantée en Meurthe-et-Moselle, tout particulièrement à Pont-à-Mousson et à Lunéville, deux cités traditionnellement liées à la sphère nancéienne. Lucien Weissenburger apparaît même comme une figure importante de l'architecture lunévilloise.

Les Vosges présentent également des traces disparates, parfois anecdotiques du passage de l'art nouveau. A Epinal le patrimoine est à la fois cohérent et de réel intérêt tandis que des réalisations isolées sont recensées à Rambervillers, Raon-L'Etape, Senones, Saint-Dié...

Mais c'est la Meuse qui offre les créations les plus intéressantes. En effet, celle-ci présente un double avantage. Sa position de zone « frontière » l'ouvre à des influences « modernes » extérieures très sensibles à Verdun dans les décors floraux généreux, hélas ! détruits. De plus, elle accueille pour certains projets les meilleurs artistes de l'Ecole de Nancy. Ce circuit permet donc une découverte rapide de leurs plus intéressantes réalisations.

Au départ de Nancy, 3 h en automobile, visites comprises.

Sortir de Nancy par la R.N. 4 et prendre la direction de Paris. A 45 kilomètres environ, à la hauteur de Void-Vacon, tourner à droite direction Commercy - Saint-Mihiel - Verdun. A l'entrée de Commercy, se diriger vers le centre-ville. Sur la route, au n° 102 de la rue des Capucins, remarquer la villa « Les Glycines », due à Emile André, une construction très proche de la villa « Les Roches » du même architecte, cette fois, à Nancy dans le parc de Saurupt. Après avoir admiré le château de Stanislas, il faut gagner la place Charles-de-Gaulle toute proche. Au n° 23 se trouve l'ancienne pharmacie Malard dont la devanture a été réalisée par Eugène Vallin en 1907. A noter, forgées par un artiste qui n'est pas identifié, les grilles d'inspiration florale. L'intérieur constitue un espace harmonieux, presque intact, résultat de la collaboration de Vallin, du décorateur Charles Fridrich et du maître

Eugène Vallin : ancienne pharmacie Malard. 1907. Commercy (Meuse). Ferronnerie (détail).

verrier Joseph Janin. Ce dernier a orné les portes intérieures du magasin de verrières représentant des plantes médicinales. A proximité, la Caisse d'Epargne, un édifice éclectique construit dans les premières années du siècle par l'architecte verdunois Paul Nicolas Chenevier. Le plafond de la salle de réunion est orné d'une peinture sur toile marouflée exécutée en 1906 par Victor Prouvé. Les activités traditionnelles de la région y sont évoquées : l'agriculture et le travail dans les carrières toutes proches d'Euville. C'est vers ce village que le visiteur se rendra.

Prendre la direction de Pont-à-Mousson, à la sortie de Commercy, juste après le canal, tourner à droite et rouler pendant deux kilomètres. Les silhouettes imposantes de l'église néo-gothique et de la mairie art nouveau d'Euville ne tardent pas à émerger sur l'horizon des prairies. Seule commande officielle ayant été confiée aux artistes de l'Ecole de Nancy, cet hôtel de ville compose un ensemble d'une rare unité ✤ ✤.

Visites possibles aux heures d'ouverture du secrétariat. Tél. : 29.91.09.77.

Les revenus très importants que les carrières procuraient à la commune au début du siècle permirent la construction d'un édifice luxueux exaltant la beauté de la pierre locale en un véritable monument-réclame. Le projet confié à l'architecte nancéien Henri Gutton en 1901 ne connut son achèvement qu'en 1909. L'intervention de Vallin accentua son caractère art nouveau par un jeu de fortes nervures qui donne toute sa qualité plastique à la façade (1904). A l'intérieur, le principe de l'union des arts triomphe : luminaires de Majorelle Frères, rampe d'escalier du ferronnier parisien Edgar Brandt, vitrail de Gruber *Coucher de soleil au bord de l'étang* ✤ ✤ (1907) et dans la salle des fêtes, verrières d'Emmanuel Champigneulle *Platanes* et *figuiers* ✤ ✤. A remarquer les grès flammés de la cheminée, le parquet de chêne en point de Hongrie bordé d'acajou ainsi que l'intégration par Vallin des symboles républicains dans le cadre art nouveau. Des copies de mobilier de Vallin conservé au musée de l'Ecole de Nancy ont été exécutées et installées en 1987.

Deux extensions à ce circuit sont possibles :
— en direction de Verdun, jusqu'à Sampigny, village dominé par la résidence de Raymond Poincaré ✤, édifiée par Désiré Bourgon, aujourd'hui musée et siège de la Conservation départementale des Musées de la Meuse.

Henri Gutton, Eugène Vallin : salle des fêtes de la mairie d'Euville. 1906-1907. Meuse.

Tél. : 29.90.70.50. Ouvert tous les jours, du 1er mai au 11 novembre de 14 h à 18 h, hors saison sur rendez-vous.

Ce bâtiment situé dans un cadre agreste n'a rien d'art nouveau mais les fenêtres du rez-de-chaussée qui ouvrent sur le jardin à la française sont ornées de verrières restituant fidèlement les vitraux originaux à décor floral de Joseph Janin (1906). Il est vrai que le musée dispose d'un fonds considérable de cartons de vitraux retraçant l'activité de l'atelier Höner, Janin, Benoit. L'art nouveau y est bien représenté. Un inventaire est en cours.

— Bar-le-Duc. Cité célèbre pour la qualité de son patrimoine architectural de la Renaissance, dans la ville haute. On notera également quelques maisons particulières présentant des caractéristiques art nouveau bien affirmées dans la ville basse. A la poste centrale, 32, boulevard de la Rochelle, beaux vitraux de Gruber sur le thème des nouveaux moyens de communication (1925). On ne quittera pas Bar-le-Duc sans se rendre dans le parc du château de Marbeaumont, étonnante compilation néo-XVIIe s. édifiée en 1905 par le banquier Paul Varin pour la somme, alors royale, de quatre millions de francs.

MAISON DES ENTREPRENEURS P. BLAVY ET E. MANGON

Cette réalisation est manifestement conçue dans l'esprit des oeuvres contemporaines d'Eugène Vallin. Toutefois l'introduction de lignes amples et généreuses, en particulier au niveau du balcon, relève moins d'une expression puissante et efficace que d'une séduction nouvelle et immédiate pour le décor floral.

1902

Paul Charbonnier

Exemple typique d'un retour à la rigueur, consécutif à l'épuisement d'un style art nouveau qui n'a su porter sa réflexion au-delà de l'ornement. Autour de la porte d'entrée, une frise d'abeilles affirme le retour de la géométrie dans le décor.

MAISON LES PINS

1912

Emile André

GUIDE de A à Z

IMMEUBLE GÉNIN-LOUIS - GRAINETIER

1901

    D5

Henri Gutton, ingénieur polytechnicien

Henry Gutton, architecte

Le mince squelette en acier riveté, aux terminaisons végétales, témoigne de la réflexion rationaliste des constructeurs. La filiation à Viollet-le-Duc est claire à la fois sur la frise florale en terre cuite d'inspiration néogothique et pour la flèche davantage apparentée au Moyen Age qu'à l'art nouveau. Sur l'angle émerge de la tôle découpée une ornementation vivante, bulbes, tiges graciles, qui rappelle au passant la destination commerciale du bâtiment. Cette réalisation, à l'époque détonnante dans le milieu architectural local, marque l'intégration à l'échelle monumentale des motifs de l'art décoratif. A l'intérieur, quatre petites verrières de Jacques Gruber représentent des glycines sur un fond de vitrerie géométrique.

MAISON

1903

     C2

(architecte inconnu)

La porte d'entrée reprend globalement le graphisme de celle du Castel Béranger, rue Lafontaine à Paris ; une oeuvre capitale d'Hector Guimard (1894-1898).

LOGE DU CONCIERGE

A l'origine, cette entrée du parc de Saurupt comportait une grille dessinée par Emile André aujourd'hui déposée dans les services municipaux. Quant à la loge du concierge, elle valorise dans un cadre suburbain l'idée d'un retour à la nature, très caractéristique d'un projet s'inscrivant au départ dans l'esprit des cités-jardins.

1902

C8

Emile André

VILLA LES GLYCINES DE L'INDUSTRIEL FERNBACH

1902

Emile André

C8

Si les volumes sont simples, l'ensemble ne manque pas d'ingénuité. Le décor a pour fonction d'attirer l'attention sur les points forts de la composition. Très caractéristique est, sur la grande baie, le motif qui serre le cadre et devient trumeau entre les deux fenêtres de l'étage. Décor et structure sont ici en étroite relation. Le programme de la villa suburbaine autorise avec logique la présence de quelques éléments appartenant au vocabulaire pittoresque (balcon en bois, ...)

A l'intérieur — *on ne visite pas* — la salle de séjour constitue un espace lumineux et transparent. L'aménagement d'origine évoque un décor art nouveau rustique marqué par les origines alsaciennes du commanditaire.

MAISON LES ROCHES

1902

Emile André

C8

L'analyse de l'architecture est aujourd'hui très perturbée par les transformations importantes qu'a connues le bâtiment. Le remplacement de la toiture du corps de bâtiment le moins élevé par une terrasse a accentué le caractère cubique des volumes. Toutefois, on pourra avoir une bonne idée de l'état originel de cette maison en étudiant la villa *Les Glycines* construite par Emile André à Commercy dans la Meuse.

Dans l'un et l'autre exemple, l'architecte montre qu'il ne se laisse pas enfermer dans une approche étroite de l'art nouveau mais qu'au contraire le programme de la villa suburbaine peut donner lieu à une rigoureuse démonstration s'inspirant du pavillon de banlieue (la meulière) exalté par quelques touches de balnéaire (le bois, la céramique).

C

MAISON HOUOT

1907

D5

Joseph Hornecker

Le retour à la rigueur après l'art nouveau. Sur la cheminée, remarquer le décor de pommes de pin, motif très habituel à la fin de la décennie 1900-1910.

ANCIENNE BANQUE RENAULD (AUJOURD'HUI BNP)

Emile André reprend ici des formules architectoniques déjà éprouvées au 71 avenue Foch en 1904. Néanmoins, le puissant marquage de l'angle par une tour dont le caractère à la fois médiéval et alsacien détonne dans la perspective de la rue Saint Jean établit clairement la volonté de l'architecte de puiser force et cohérence à d'autres sources que l'art nouveau. A l'intérieur, Paul Charbonnier structure un espace fonctionnel et lumineux aujourd'hui mutilé avec la disparition de la verrière

1910

    D5

Emile André
Paul Charbonnier

zénithale de Jacques Gruber. Remarquable exemple de ferronnerie dans l'escalier sur le thème, ô combien symbolique ici, de la monnaie du pape. Cette oeuvre ainsi que le mobilier provient des ateliers de Louis Majorelle.

97, RUE CHARLES III

MAISON GAUDIN - NÉGOCIANT EN CUIR

Cette façade pour le moins hétérogène doit être perçue comme une étape décisive préfaçant l'éclosion de l'art nouveau nancéien dans le domaine de l'architecture.

L'ensemble s'apparente encore à un néo-gothique très libre, moyen d'accès privilégié à une expression résolument moderne. Le décor végétal, la présence d'un bestiaire — le singe et le chat en couronnement — sont clairement cités du Moyen Age. Remarquer le culot de l'oriel dont le sujet — une femme

1899

F6

G e o r g e s   B i e t

tannant des peaux — est emblématique de la profession du propriétaire.

L'espace intérieur — *on ne visite pas* — constitue une synthèse des préoccupations éclectiques du temps : bureau néomédiéval, salle à manger néo XVIIIe siècle et, correspondant à l'annexe, salon davantage marqué par l'art nouveau. Ici, Jacques Gruber réalise pour une porte-fenêtre une importante verrière : *Le Tulipier*. Il s'agit de

son plus ancien vitrail connu à ce jour. Dans la même pièce, il conçoit en collaboration avec l'ébéniste Schwartz une cheminée art nouveau monumentale (1900), véritable débauche de techniques et de matériaux les plus divers. A la hotte est intégré un vitrail éclairé artificiellement : *Le village au bord du lac*. Le mobilier de la chambre à coucher dû à Eugène Vallin est aujourd'hui exposé au Musée d'Orsay, à Paris.

MAISON DE LUCIEN WEISSENBURGER
1904
D2

Lucien Weissenburger

Pour lui-même, Lucien Weissenburger construit une maison particulière, en fait deux volumes cubiques articulés non sans brutalité sur l'entrée et la terrasse. De conception rigoureuse dans les premiers niveaux, l'élévation évolue vers plus de personnalité à hauteur des lucarnes. Naturalisme et néo-gothique s'y combinent en des propositions pittoresques. Un bulbe

floral à tige métamorphose une lucarne et joue l'ambiguïté avec une cheminée. Rue des Glacis, les meneaux éveillent l'image d'une croix de lorraine symbolique.

Verrières de Jacques Gruber : sur rue : *les berces*, à l'intérieur : *magnolias, sabots de venus* et *marroniers*. Curieuse cheminée aux formes organiques. *On ne visite pas.*

M A I S O N   H U O T

1903

 **D2**

E m i l e   A n d r é

Sur le programme de la maison jumelle, Emile André reprend les solutions déjà éprouvées à la villa *Les Glycines*, rue des Brice (1902). Néanmoins la perception frontale de l'ensemble lui permet d'enrichir la façade d'une sensualité nouvelle par l'introduction de matériaux très divers : brique, céramique, bois, métal, meulière. Le jeu quasi organique des soupiraux et les rappels polychromes ont l'aspect souriant et détendu de l'architecture balnéaire. En couronnement, les lucarnes renvoient à une combinaison néo-gothique - naturalisme moins flamboyante que chez Weissenburger.

V I L L A   H.   L A N G - I N D U S T R I E L

1907

    C8

L u c i e n   W e i s s e n b u r g e r

La vigueur avec laquelle l'architecte articulait les volumes de sa propre demeure, 1, boulevard Charles V (1904) fait place à davantage de brutalité encore dans la juxtaposition des diffé-

GUIDE de A à Z

124

rentes parties de la villa *Lang*. Le lien unificateur ne peut être ici que la contradiction permanente des différences de rythmes, de formes, de matériaux. Cette lecture syncopée résulte d'une volonté de pittoresque qu'appuie l'intégration d'éléments forts du vocabulaire régionaliste, témoin les parties en bois. Il faut d'ailleurs noter la reprise intégrale du perron de la villa *Océana*, architecture néo-bretonne construite à Biarritz par Hector Guinard.

Loin d'un art suave ménageant de subtiles transitions, la silhouette accidentée de cette villa atteste du rejet définitif de l'art nouveau.

 3, RUE DU COLONEL RENARD

VILLA MARGUERITE DE L'INGÉNIEUR PROST

1905

    C8

Henri   Gutton
Joseph   Hornecker

Cette construction pittoresque évoque à la fois le chalet et le pavillon de banlieue (pour l'usage de la meulière). Mais ces références sont manipulées avec distance et décontraction à tel point que s'impose l'image d'un mini-castel fantasque et dysharmonieux, juxtaposant porche, balcons, tourelle-belvédère et bow-window avec un souci évident de transparence. La lassitude de l'art nouveau apparaît donc manifeste tandis que, en milieu suburbain, le style balnéaire s'offre comme une solution provisoire.

Le couronnement du belvédère est aujourd'hui supprimé.

MAISON DE GEORGES BIET

1901-1902

   **C5**

Georges   Biet
Eugène   Vallin

Composition étonnante et inventive, sans doute une des plus significatives des options nanceiennes.

Les préoccupations rationalistes et l'esprit décoratif moderne sont ici étroitement liés. Le projet révèle une recherche manifeste dans une organisation plus pratique et plus confortable des intérieurs. Chaque appartement dispose d'une loggia sous arcade, d'une terrasse ou d'un balcon au niveau du couronnement. Mais l'intérêt du bâtiment réside moins dans la présence de commodités ou d'une charpente métallique que dans la façade elle-même. L'apport néo-gothique est clairement perceptible aussi bien dans la verticalité d'une architecture pour le moins agitée que dans certains

GUIDE de **A** *à* **Z**

détails, ainsi le félin tapi sur la souche de la cheminée centrale référencié au bestiaire médiéval. Quant au hall d'entrée, il communique l'impression d'un intérieur d'église.Tandis que le bois et le métal interviennent dans des positions de marquage précis, l'ornement atteint à une vigueur inhabituelle. Un thème rassembleur, l'ombellifère, solidement observée et résumée, donne lieu à des grilles architec-turées et de facture artisanale pour le moins uniques. Le dessin en a sans doute été donné par G. Biet lui-même.

A l'intérieur — *on ne visite pas* — des vitraux de Jacques Gruber dont une verrière plus importante à décor de volubilis.

La maison en partie bombardée en 1916 fut reconstruite à l'identique. Seul le porche a été modifié par l'adjonction d'une annexe.

ANCIEN MAGASIN DU FOURREUR GOUDCHAUX

1907

E4

Eugène   Vallin

Vallin choisit pour cette devanture un acajou blond dont la couleur chaude suggère le luxe et le raffinement de l'activité commerciale. Des travaux récents ont modifié la vitrine altérant considérablement la valeur de sa démonstration. A noter en imposte le beau décor d'ombellifères.

Voir au n° 6 l'intéressante devanture du magasin *A la pomme de pin*.

MAISON DU PEUPLE

1901-1902

   F5

Paul   Charbonnier

Cet institut populaire financé par l'ingénieur socialisant Charles Keller se définit d'abord comme une oeuvre profondément rationaliste. La façade énergique s'apparente à un arc de triomphe industriel et symbolique ouvrant sur un espace fonctionnel et harmonieux, au-jourd'hui défiguré. L'influence de l'architecte belge Victor Horta, auteur d'une maison du peuple à Bruxelles (1895-1899) n'est pas à exclure.

Sur le linteau, *Le forgeron* et en couronnement, *La pensée libre* par Victor Prouvé. Ebénisterie et décoration, Eugène Vallin.

5BIS, AVENUE FOCH

IMMEUBLE DU JOURNAL « L'EST RÉPUBLICAIN »

1912-1913

D5

Pierre le Bourgeois

Ce témoignage tardif ne doit plus grand chose à la mouvance art nouveau malgré la tour phare et les détails ornementaux stylisés sous la corniche. Les monumentales baies rectangulaires sont plus marquantes et attestent d'un choix classique logique chez un jeune architecte qui réalise là une de ses premières oeuvres importantes.

MAISON DU DOCTEUR JACQUES

1905

  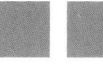 

Paul Charbonnier

Si la notion de néo-gothique matiné d'art floral permet de qualifier la démarche de l'architecte, l'impression dominante, quant au résultat, est celle d'une dispersion et d'une profusion des percements, surtout au niveau des combles à tel point que le volume paraît sur le point de perdre sa cohérence. Sculptures de Wolff et ferronneries de Louis Majorelle.

MAISON LOPPINET, CONSERVATEUR HONORAIRE DES EAUX ET FORÊTS

1902

Charles-Désiré Bourgon

Dû à un architecte bourgeois, auteur de demeures et d'hôtels particuliers éclectiques de belle allure, cet exemple art-nouveau manifeste surtout la diffusion du goût floral dans le milieu local. En cela, c'est l'adaptation à la mode qui retient davantage l'attention que le décor sculpté d'Albert Vautrin ou la ferronnerie du balcon d'une complexité graphique encore néo XVIIIe s.

IMMEUBLE DE JULES LOMBARD - MAÎTRE DES FORGES DE COUSANCES (MEUSE)

1902

Emile André

Abordant le programme de l'immeuble de rapport, Emile André adopte un parti résolument parisien. En 1901, l'architecte Jules Lavirotte avait exécuté pour Alexandre Bigot, 29, avenue Rapp « une composition réclame » à la gloire du revêtement en grès qui avait suscité l'admiration des connaisseurs. Ce n'est pas tant le matériau que certains éléments de l'ordonnance — telle la loggia — que reprend le Nancéien dans deux variations (n° 69 et n° 71) qui, il est vrai, n'atteignent pas la profusion et la richesse du modèle parisien.

Ici, l'architecte propose une composition très ferme, structurée par de volumineux balcons et introduit une élégante loggia à arcades sous le ciel lorrain. Ce langage fort et expressif atteste de l'accord étroit des formes avec le support architectural.

7 1 , A V E N U E F O C H

I M M E U B L E F R A N C E - L A N O R D

La loggia déjà présente au n° 69 fait ici l'objet d'une nouvelle variation ; elle soutient un balcon et est intégrée entre deux encorbellements. L'inspiration parisienne est plus étroite-

1904

B5

E m i l e   A n d r é

ment associée à cette seconde réalisation qui tente la variété, sinon le mouvement sur une élévation à six niveaux. Mais au-delà de la diversité des matériaux et de leur mise en œuvre, la plastique reste spécifiquement nancéienne, témoins les ornements naturalistes ou les lignes néo-gothiques de l'oriel à terminaison de bulbe. Cette recherche de pittoresque marque les limites de l'évolution : à la vi-

gueur presque brutale de la réalisation mitoyenne se substitue au n° 71 la volonté d'unifier avec emphase des motifs qui n'ont pas grand rapport entre eux. La démonstration ne reste pas moins exemplaire tant le décor s'intègre réellement à la composition architecturale dans les zones-clés. A noter le motif très épuré des ferronneries dessinées par Emile André.

IMMEUBLE DE LA CHAMBRE DE COMMERCE ET DE LA SOCIÉTÉ INDUSTRIELLE DE L'EST

Sur cette réalisation tardive, l'art nouveau ne fait qu'effleurer une surface plane, façade académique qu'anime une ornementation florale abondante mais superficielle. Plus convaincantes sont les ferronneries — marquise et grilles d'appui — de Louis Majorelle. Cet ensemble cohérent témoigne d'un retour à la géométrie structurée autour d'un thème naturaliste : l'érable faux platane aux grandes feuilles lobées et aux grappes de fruits allongées et pendantes.

L'intérieur a subi de nombreuses modifications : dans le hall, la verrière est aujourd'hui dissimulée par un faux-plafond. La salle des conférences reste d'un bel effet. Sur la rue, exceptionnelle série de cinq verrières à double lecture dues à Jacques Gruber et offerte par les industriels lorrains (1909). Dans la salle de réunion : le verre, la chimie, la sidérurgie ; dans la bibliothèque : village lorrain et paysage vosgien. La richesse des coloris, la qualité des verres, la virtuosité du travail — parfois

1908

Emile   Toussaint
Louis   Marchal

5 à 6 feuilles de verre superposées en épaisseur — mais aussi la traduction poétique de paysages industriels confèrent à cet ensemble une valeur documentaire et artistique sans précédent ⚜ ⚜ ⚜. Ici le renoncement aux thèmes naturalistes habituels permet au vitrail le dépassement de ses propres possibilités.

J 44, RUE JEANNE D'ARC

IMMEUBLE

1906

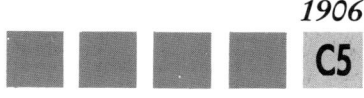 **C5**

Lucien Bentz

Elévation conventionnelle qui puise le meilleur de son inspiration dans les exemples d'Emile André. A noter la disparition quasi totale du décor végétal et la vigueur plastique - inhabituelle à Nancy - de la devanture en bois.

55, RUE JEANNE D'ARC

MAISON DU DOCTEUR JACQUES, PHARMACIEN

1903

 **C5**

Lucien Bentz

Le décor floral est utilisé ici comme un recours stylistique parmi d'autres, sans apport réel pour l'architecture elle-même. Plus impressionnante est la variation à partir de l'arcade classique qui caractérise véritablement l'élévation. Animation pittoresque au niveau du couronnement et de la toiture.

66-66BIS, RUE JEANNE D'ARC

IMMEUBLE DE DUCRET

1910

 C6

Emile André
Paul Charbonnier

avec le plan inerte du mur ou les ferronneries déjà visibles sur l'immeuble du 71 avenue Foch (1904).

La manière d'Emile André reste perceptible ; ainsi les lourds balcons qui font le lien

152, RUE JEANNE D'ARC

MAISON GEORGES, NÉGOCIANT EN VIN

1904

 C7

Louis Deon

A remarquer surtout le travail du sculpteur Wolff qui anime les encadrements avec un décor de feuilles de vigne et de grappes de raisin.

I   M   M   E   U   B   L   E

1903

 **D3**

Félicien et Fernand César

Pour cet immeuble de rapport, les architectes tentent une synthèse du vocabulaire moderne. Tout y est depuis les courbes végétales, le recours aux matériaux les plus divers jusqu'au jeu des balcons qui alternent et combinent le métal à la pierre. Mais Fernand César est un converti à l'art nouveau de fraîche date ; sa volonté d'animation et de pittoresque ne concerne en fait que la modénature d'une façade traditionnelle abritant des espaces intérieurs ordinaires. Dans la cage d'escalier, vitraux populaires de Jacques Gruber : tournesols et volubilis.

52, COURS LÉOPOLD

M   A   I   S   O   N   C   H   A   R   D   O   T

1905

 **D2**

Lucien Weissenburger

Cette réalisation témoigne d'un savoir composer ouvert à la synthèse. Le volume plutôt strict est judicieusement perturbé par quelques fantaisies expressives, une hampe florale dans les parties hautes, en harmonie avec des ornements végétaux de qualité.

24, RUE LIONNOIS

HÔTEL PARTICULIER D'ALBERT BERGERET, IMPRIMEUR

1903-1904

     **F8**

Lucien Weissenburger

Bien qu'elle ait subi des altérations — la façade postérieure a été modifiée et le portail d'entrée détruit — cette réalisation satisfait pleinement le principe essentiel de l'Union des Arts.

Sur un volume strict et de bel appareil, des percements très divers dans la forme et la dimension traduisent avec clarté une série de fonctions internes. Ainsi

la place de l'escalier est révélée par un grand vitrail de Gruber et celle de la salle de billard est fermement marquée par l'arc surbaissé d'une fenêtre à meneaux. L'animation se poursuit sans réelle rupture jusqu'au niveau des lucarnes et de l'angle plat dont les formes fines et élancées traduisent l'inspiration médiévale de l'architecte. Un thème décoratif rassembleur : la monnaie du pape, présent aussi bien sur les ferronneries de Majorelle que dans le verre et la pierre renforce la cohérence de l'espace global et contribue à structurer la façade dans les zones clefs. L'harmonie de luxueux matériaux et d'une science de l'ornement placent cette synthèse architecturale dans la mouvance d'un art de cour gracieux et emblématique d'une nouvelle et riche bourgeoisie nancéienne.

La qualité de l'aménagement intérieur est remarquable : rampe d'escalier par Louis Majorelle, série de sept verrières de Gruber dont le vitrail *Roses et mouettes*, huit verrières de l'atelier Janin dans la véranda et au second étage. En imposte, *Paon* de Joseph Janin (vers 1905). Mobilier d'Eugène Vallin. *Visite possible sur rendez-vous.*

6, BOULEVARD LOBAU

M A I S O N   D ' E U G È N E   V A L L I N

1896

F6

E u g è n e   V a l l i n

Fidèle aux enseignements de Viollet le Duc, Vallin construit pour lui-même une saine architecture rationaliste qui, pour la première fois, intègre des éléments du langage de l'art nouveau.

L'extérieur — aujourd'hui mutilé — offre l'aspect un peu décourageant d'un volume dénudé, bien ordonné verticalement et animé sous la corniche très saillante, par un maigre décor de philodendrons et à l'angle par une figure allégorique (une naïade ?) sculptée par Victor Prouvé. Plus frappante est la rupture du rythme horizontal cassé à deux reprises : une première fois au niveau de l'entrée en décalant les percements vers le bas, une seconde fois par l'introduction à l'étage noble d'un oriel qui soutient le balcon. Le principe de la composition académique est rejeté au profit d'une articulation plus pratique et personnelle des volumes, témoin le linteau fortement nervuré qui s'impose déjà comme une signature d'artiste souvent reproduite par la suite. Sur la porte, une allégorie de la Renommée, messagère ailée aux cent bouches fait office de poignée et de boîte à lettres tandis que la serrure intègre une maxime symbolique : « laissez soucis et tourments ». A l'origine, ces deux œuvres exécutées en bronze par Victor Prouvé prenaient place dans un environnement d'ombellifères sculptées dans le bois. Un des vantaux de la porte est aujourd'hui exposé au musée de l'Ecole de Nancy.

51, BOULEVARD LOBAU

IMMEUBLE DE RAPPORT
1906

F7 *Eugène Vallin*

La présence art nouveau se limite à une ornementation superficielle et répétitive autour des encadrements et sous la corniche. Ce décor purement plaqué ne parvient pas à animer une façade plutôt banale.

VILLA JIKA DE LOUIS MAJORELLE

Cette demeure construite dans une banlieue autrefois agreste doit être considérée comme un témoignage architectural majeur. En réalité, il ne s'agit pas d'une création due aux Nancéiens mais plutôt d'un pur produit d'importation. Gruber, Majorelle y travaillent et Lucien Weissenburger assure la direction du chantier mais c'est un jeune parisien, Henri Sauvage, ami et collaborateur de Louis Majorelle qui conçoit le projet et réalise là sa première oeuvre. Appuyé par deux autres parisiens, le céramiste Alexandre Bigot et le décorateur Francis Jourdain, il apporte l'expression libératrice d'Hector Guimard dans un milieu nancéien où quelques figures isolées aspirent au renouvellement, mais sans réellement oser s'évader de préoccupations purement formelles.

Le programme permet une expérience radicale puisqu'il concerne l'organisation d'une maison d'artiste c'est-à-dire d'un espace pratique et sensitif. Le plan et l'élévation expriment avec clarté et intelligence la destination d'espaces bien proportionnés, pensés dans un souci de confort et de bien-être. Le simple fait de pouvoir communiquer d'une pièce à l'autre, sans passer par le couloir souligne combien l'image et la praticabilité sont toujours privilégiées. Le choix de matériaux très divers est révélateur d'une démarche résolument analytique. Les articulations se lisent avec éviden-

1901-1902

    B5

Henri Sauvage

GUIDE de A à Z

ce et des éléments fonctionnels d'ordinaire peu considérés, tels les attaches d'emboîtement des tuyaux, ici en métal forgé et plié, donnent son identité au projet. D'ailleurs, de nombreux détails décoratifs dessinés par Henri Sauvage accompagnent la structure, exaltent les volumes, les brutalisent et les reposent par des jeux de matière, de ligne, d'espace. Ainsi, sur la porte d'entrée, il faut remarquer la légèreté de la ferronnerie de la marquise : des branches d'orme aériennes qui contrastent avec le plan lisse du mur en pierre d'Euville.

La remise en question globale de la structure s'efface un peu devant l'impression pittoresque, gesticulatoire et asymétrique que communiquent les quatre façades individualisées. En cela, la villa Jika n'a pas de descendance directe dans le paysage urbain mais de façon plus fondamentale, elle jette le trouble dans les consciences.

L'intérieur *(visites en semaine sur rendez-vous au 83-41-35-35)* qui a conservé une partie de son décor est remarquable. Le bois y occupe une place éminente du fait même de la profession du commanditaire. Présent dès le hall sur le porte-manteau en chêne et en tamarin pour les panneaux, il est travaillé avec une belle conscience artisanale sur la rampe dessinée par Sauvage où croît le lierre. La cage d'escalier est éclairée par deux baies intégrant des vitraux de Jacques Gruber sur le thème de la monnaie du pape. La partie centrale de la verrière a été soufflée par une bombe en 1917. Vu du dernier niveau, l'impression générale est celle d'un volume néo-gothique de très belle facture. L'ancienne salle à manger, autrefois occupée par un mobilier aux épis de blé, constitue un espace homogène où se développent en frise des panneaux décoratifs de Francis Jourdain. Au midi, en impostes des fenêtres, une série de vitraux de Gruber représentant des coloquintes, mais surtout, au centre de la pièce une exceptionnelle cheminée en grès flammé formant pilier de Bigot. Le salon est dédié au pin ; la verrière actuelle exécutée par Gruber remplace un vitrail à décor d'arbres fruitiers et de chouettes détruit en 1917.

Au premier étage, se trouvait la chambre à coucher de Louis Majorelle. Son mobilier de qualité est aujourd'hui exposé au Musée de l'Ecole de Nancy.

M

MAISON DE V. LUC, INDUSTRIEL EN CUIR

1904

Jacques René Hermant

Cet architecte parisien tempère le classicisme des volumes par une expression formelle inventive et détendue. En particulier, sur l'aile nord de la galerie, l'évidente référence à un art nouveau qui semble se caricaturer lui-même, témoigne d'une liberté peu commune dans le milieu architectural local. Vitrail de Jacques Gruber : paysage vosgien et escalier du céramiste Gentil-Bourdet.

ANCIEN HÔTEL D'ANGLETERRE ET BRASSERIE EXCELSIOR

1910

D4

Lucien Weissenburger
Alexandre Mienville

Sur deux façades géométriques, régulièrement rythmées, presque nues dans les premiers étages, se développe au dernier niveau une série de corbeaux fleuris soutenant des colonnes jumelles aux chapiteaux jadis dorés, portant elles-mêmes une poutre ornée. En couronnement, les quatre piliers d'une pergola-restaurant d'été centrent le regard sur l'unique travée du pan coupé, laquelle accueille l'entrée et une succession de lourds balcons. Cette vigueur de la trame et du marquage alliée à une écriture décorative raffinée rompt avec les modèles connus en ville et renvoie à l'esprit des grandes réalisations viennoises, plus particulièrement à celles d'Otto Wagner. A l'époque, la critique quelque peu surprise évoque à la fois le « style moderne » et « carolingien » de l'édifice. La salle de brasserie renoue plus familièrement avec l'Ecole de Nancy. Le volume d'une longueur de 25 m pour 12 m de large est divisé en cinq travées soulignées au plafond par des flambées de fougères stuquées qui débordent et viennent mourir sur les voussures des ouvertures. En cela s'avère déterminante l'intervention de la maison Majorelle qui réalise la décoration intérieure, fournit le

mobilier en acajou et les appareils d'éclairage en cuivre ciselé. Jacques Gruber exécute une dizaine de verrières. Une large bordure cerne les vitres : cabochons de pâte de verre et vitraux figurant des empreintes végétales : pins, fougères, ginkgo biloba (arbre aux quarante écus) aux délicates tonalités sepia, l'ensemble étant serti entre de fines baguettes de cuivre.

Fluidité et souplesse caractérisent cet espace harmonieux qui, encore aujourd'hui, agit avec la même sensibilité qu'hier.

IMMEUBLE DE LANG, FERRAILLEUR
1901

D2

Charles Désiré Bourgon

Une fois saisi par la mode l'art nouveau vit une métamorphose : de courant libérateur pour quelques-uns à l'origine, il devient un décor facile et superficiel pour la plupart. C'est ce

nouvel académisme qui triomphe sur cet immeuble tant l'ornement floral parvient difficilement à faire oublier le goût prononcé de l'architecte pour le néo-XVIIe siècle.

P

MAISON D'EUGÈNE BIET - REPRÉSENTANT
1906

B6

Georges Biet

L'évolution vers la rigueur est manifeste. Le rejet de l'ornement floral, l'absence d'une quelconque souplesse de lignes permettent d'affirmer l'importance de la trame, un réseau de cadres verticaux et de bandeaux horizontaux. Pourtant sur l'entrée, espace de représentation par excellence, les motifs végé-

taux stylisés, la courbure de l'arc et le jeu qui s'en suit dans le rapport pilier-colonne éveillent le souvenir proche de l'art nouveau. Plus globalement, ces traces matérielles soulignent l'importance pour Georges Biet de l'héritage médiéval en tant que source du renouvellement de l'architecture moderne.

*GUIDE de **A à Z***

MAISON DU PEINTRE RENAUDIN

1902

B6

Lucien Bentz

Cette façade conventionnelle est néanmoins marquée par l'importance de l'avant corps lequel contient la cage d'escalier. Celle-ci était éclairée par deux verrières de Jacques Gruber — aujourd'hui disparues — représentant un décor de clématites et d'iris. Malgré les ornements floraux sculptés par Albert Vautrin, l'interprétation de l'art nouveau apparaît très superficielle.

R

ANCIEN MAGASIN VAXELAIRE ET PIGNOT

1901

E5

Charles André
Emile André
Eugène Vallin

Seules deux travées subsistent de ce grand magasin nancéien dont le hall immense de métal et de verre ouvrait sur les rues Saint Jean et Raugraff. Rejetant le principe d'une profusion décorative à signification commerciale, les architectes capturent l'attention du passant dans un réseau graphique de tiges métalliques recouvertes, en une protection raffinée, de bois d'acajou. Leur est associé le grès qui se métamorphose en ocelles de paon, évocatrices du luxe et de l'élégance.

L'empreinte de Vallin, lui-même très influencé par Emile Gallé, est importante. Les différents projets préparatoires montrent combien le jeu de courbes choisi écarte les réminiscences stylistiques pour ne conserver qu'un corps plastique simplifié, « une forme raisonnée et construite » (Vallin), seulement marquée aux liaisons par le modèle végétal.

À l'intérieur, les salons d'essayage détruits aujourd'hui sont aménagés par Emile André, Eugène Vallin et Jacques Gruber pour la partie en vitrail. La porte

d'un de ces salons est aujourd'hui exposée au Musée d'Orsay à Paris.

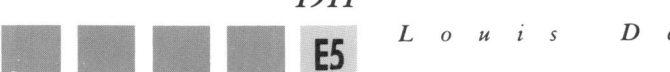

S

MAISON ARNOUX MASSON

1911

E5

L o u i s   D é o n

Sur cette structure sans grande fantaisie et aujourd'hui défigurée au rez-de-chaussée, remarquer au premier étage l'habillage en bois dont les lignes élégantes renouent avec l'esprit de géométrie. Décor à feuilles d'érable de la corniche et feuillage de pin en imposte sur l'entrée.

IMMEUBLE DU DOCTEUR AIMÉ ET AGENCE BANCAIRE DE LA SOCIÉTÉ GÉNÉRALE

1903

E5

Georges Biet
Eugène Vallin

Sur une élévation très verticale comme marquée du souvenir néo-gothique, les architectes adoptent une démarche analytique. Le développement foisonnant du décor est rejeté au profit d'une plastique naturaliste dont ils explorent les lignes de force. Le résultat est aussi habile qu'élégant. La qualité des matériaux employés, la science de la mouluration et certaines subtilités de la composition — témoin la grande poutre métallique ornée au dernier niveau — témoignent d'un savoir-faire très bien maîtrisé. Pourtant, la séduction que communique cette façade ne doit pas faire oublier que l'innovation se limite à sa seule perception frontale.

AGENCE BANCAIRE DU CRÉDIT LYONNAIS

1901

E5

Fernand César

Premier chantier de Fernand César, cette banque dont la façade monumentale n'exprime rien de l'art nouveau ouvre sur un espace fonctionnel éclairé par une immense verrière de plus de 230 m^2. Cette œuvre exceptionnelle exécutée par C. Gauvillé, peintre verrier à Malzéville d'après un carton de Jacques Gruber représente des tiges de clématites dont les fleurs envahissent l'ensemble de la verrière. Au centre, un médaillon porte le monogramme de la banque. Le plafond fut restauré en 1920 par Jacques Gruber lui-même puis en 1980-1981.

IMMEUBLE DE HENRI CAMAL

1904

E5

Émile André

Version simplifiée et dépouillée des immeubles construits par Emile André, avenue Foch. On y remarque la même rigueur de l'élévation qu'au n° 69 (1902) avec le balcon fermement articulé sur le plan du mur et, au quatrième niveau, le balcon-galerie qui, avenue Foch, se transforme en loggia. Le motif des garde-corps dessiné par André est également présent au n° 71 (1904). Noter sur la porte d'entrée le curieux détail de ferronnerie.

ANCIEN RESTAURANT ET BRASSERIE DU CASINO

![photographie de la façade]

1900 ?

Louis Lanternier

Composition en ordre co-lossal c'est-à-dire où les pilas-tres embrassent plusieurs ni-veaux. Le vocabulaire moderne n'intervient donc que dans des détails mineurs, ainsi les volutes végétales sculptées dans la pierre et sur les ferronneries, motifs étant eux-mêmes très ré-férenciés au XVIIIe siècle.

14, RUE SAINT-LÉON

MAISON DU DOCTEUR LOUIS SPILLMANN

1908

Lucien Weissenburger

Cette demeure aujourd'hui réhabilitée présente quelques-uns des traits typiques de la ma-nière de Lucien Weissenburger : ferme articulation des volumes, des matériaux et plasticité de certains détails décoratifs. La pomme de pin investit le couron-nent des piliers du portail et court sous la corniche comme une frise de papier peint.

3, RUE DE LA SALPÊTRIÈRE

IMPRIMERIE JULES ROYER

1900

Lucien Weissenburger

Verre et fer sont associés aux matériaux de la tradition dans un programme industriel efficace et maîtrisé. Le ration-alisme caractérise le choix d'une trame géométrique qu'active le rapport polychrome de la brique et de la pierre. L'introduction de motifs naturalistes stylisés dans les zones clefs représente un ap-port nouveau et significatif. Sculptures d'Ernest Bussiere.

145

MAISON DU PEINTRE A. LEJEUNE

1903

  **A6**

Emile André

Si dans sa décoration intérieure aujourd'hui disparue, cette maison fait écho aux désirs du commanditaire, collectionneur d'objets orientaux et de mobilier lorrain traditionnel, la direction générale du projet exprime une approche active et nouvelle à Nancy du concept naturaliste. Le décor floral sculpté s'efface au profit de l'analyse serrée de modèles naturels, ici une cage osseuse de poisson à l'origine de la disposition originale et peu coûteuse de la charpente. L'organisation des espaces intérieurs est particulièrement bien pensée. L'architecte projette des panneaux roulants coulissants disposés entre le salon et l'atelier. Un garage pour automobile est prévu.

Cette réalisation conçue dans un souci d'économie — le recours à la pierre de taille y est réduit — apparaît novatrice au point que l'on tente d'aujourd'hui de la relier aux expériences de Weimar. Il n'est pas sûr que le rapport avec les avant-gardes allemandes soit si net ; l'habitat des pays scandinaves, voire le cottage anglais constituent également des références possibles.

AQUARIUM DE J.B. EUGÈNE CORBIN

1906

    A6

Lucien Weissenburger

GUIDE *de* **A** *à* **Z**

Seul exemple nancéien d'une architecture liée à l'art des jardins, cet aquarium situé dans le parc du musée de l'Ecole de Nancy est un exemple singulier de la rencontre directe de l'art nouveau et du goût, si populaire, pour la nature. Ici c'est naturellement à la flore et à la faune « d'abîmes insondables » qu'est dédiée cette construction circulaire. Au sous-sol, un vaste aquarium en contact direct avec une pièce d'eau voisine permet d'observer l'évolution des poissons dans leur milieu naturel. Au rez-de-chaussée, la situation est inversée ; entouré par des petits aquariums — aujourd'hui transformés en vitrines — installés devant les ouvertures, le visiteur se trouvait plongé au cœur d'un espace glauque, dans la position d'un capitaine Nemo explorant le fond des mers. Ainsi était réalisée avec exactitude l'atmos-

phère aquarium si caractéristique des intérieurs modernes nanceiens. Pour plus de véracité la porte était ornée d'un vitrail de Jacques Gruber dans les tons verts et roux représentant des poissons et la végétation des étangs. Cette verrière a disparu et a été remplacée par l'actuelle composition de R. A. Giguet exécutée dans les ateliers Benoit en 1964. Par un escalier métallique en colimaçon, on accède à la terrasse, espace à vocation solaire qui offre une belle vue sur le parc. Si l'esprit des folies qui ornaient les jardins au XVIIIe s. est présent, le modèle se trouve dépassé par cette architecture qui évoque à la fois la grotte, le bathyscaphe et le phare. Création organique au service des sens et de l'illusion, elle semble appartenir aux mondes mystérieux décrits par Jules Verne.

IMMEUBLE DE MAÎTRE MARGOT

1906

   **D4** *Eugène Vallin*

A partir d'un réseau simple et élégant de tiges végétales stylisées et finement nervurées, l'artiste-menuisier « hanté par l'architecture » parvient à donner une réelle plasticité à la façade. Ce résultat séduisant ne s'apparente pas moins d'un placage décoratif, autonome d'une véritable recherche sur les intérieurs. Loggia au dernier niveau. Motif de volubilis.

T

MAISON PARTICULIÈRE

1906

   **F5** *Georges Biet*

Façade plane animée sur les encadrements par un jeu de nervures dans la manière d'Eugène Vallin. A noter la modification du rythme des percements entre le premier et le second niveau. Sous la corniche, belle frise à décor floral.

M A L Z É V I L L E

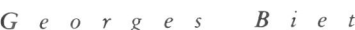

ANCIENNE GUINGUETTE TRIANON

1902

Georges Biet

Cette étonnante construction exprime avec réalisme et élégance une adéquation forme-fonction plutôt rare dans le milieu architectural nancéien. A flanc de coteau, la grande terrasse ouvre parmi les frondaisons sur la ville et, les jours pluvieux, les clients s'installaient au niveau inférieur dans une atmosphère de serre, environnés de vitraux-réclame multicolores. Les 22 verrières aujourd'hui fort mutilées ont été composées par Henri Bergé vers 1903 selon la manière simple et suave des affiches 1900. La structure ouverte en acier riveté due à l'entrepreneur Schertzer — des piles potencées soutiennent le porte-à-faux de la terrasse — fait évidemment référence aux ouvrages d'ingénieur de l'Exposition Universelle de 1889. On y retrouve les mêmes qualités de puissance et de légèreté liées à un souci d'économie. Elles sont ici exacerbées par le traitement subtil des limites : la terrasse avance dans l'espace jusqu'à rencontrer la nature tandis que latéralement les vitraux forment un écran diaphane entre extérieur et intérieur. Bien que de caractère industriel, cette structure se dégage des archétypes de la fonte ornementale et tout au contraire baigne dans un climat naturaliste, moins apparent sur le motif art-nouveau des tiges métalliques que par la fluidité même de la relation à l'espace naturel.

On ne visite pas mais l'architecture est très visible de la rue.

Un certain nombre de décors et d'architectures 1900 n'existent plus aujourd'hui ou tout au moins ont subi d'importants dommages au fil des décennies. Il nous a paru intéressant d'en rappeler rapidement le souvenir :

• rue d'Auxonne, n° 10. Maison et atelier du peintre Louis Guingot par Lucien Weissenburger, 1904. De ce qui fut une « chaumière » sub-urbaine, l'atelier, espace le plus significatif, a été détruit dans les années 70 ;

• rue des Brice, n° 1. Villa par Henri Gutton et Joseph Hornecker. Vitraux de J. Gruber et G. Janin, 1904. Démolie en 1975 malgré une active campagne de sensibilisation, cette intéressante création aux accents pittoresques constituait un des ornements à l'entrée du parc de Saurupt ;

• rue Crampel. Brasserie de France, vers 1900 ? Autrefois façade écran avec jeu de courbes et décor floral peu fréquent dans le milieu nancéien ;

• avenue de la Garenne, n° 2. Maison et propriété de la famille Gallé. Si « le petit château » d'esprit néo-XVIIIe siècle existe encore aujourd'hui, la disparition de son parc magnifique loti dès 1955 en modifie considérablement la perception. La famille de Charles Gallé s'y installa en 1873 et Emile Gallé y habita jusqu'à son décès (1904). Son cadre quotidien ne sacrifiait guère à l'art nouveau et plutôt que d'ériger un palais ostentatoire, le Nancéien y exprima sa profonde culture dans la cohabitation de l'ancien et du moderne : fauteuils aux épis de blé et pavots, chaises et table-serveuse d'après la berce des prés, vitrine *Le lierre d'hiver*, luminaires et tentures,... tous photographiés en 1902. L'intervention de Gallé fut plus marquante dans le parc où sur près d'un hectare et demi toute une géographie précise d'essences d'Amérique au nord, de Chine et du Japon au midi s'offrait comme une source de plaisir rétinien, cabinet d'études et laboratoire dans lequel le créateur pratiqua l'hybridation. Un projet en cours permettra prochainement d'en restituer la magie dans le cadre du Jardin botanique du Montet, à Villers-lès-Nancy ;

• rue du Général-Drouot, n° 4. Maison de la famille Elie. Au premier étage de cette demeure construite vers 1850 et détruite en 1972 se trouvait un ensemble de sept verrières réalisées par J. Gruber entre 1904 et 1912. Sur la façade postérieure était accolée une véranda métallique intégrant une verrière de plus de douze mètres de développement. La composition se présentait sous la forme d'un rideau végétal : sycomores, tulipiers, jasmins abritant colombes et paons, touffes de pavots, d'arums et d'iris couvrent le sol tandis que des volubilis s'enroulent aux ramures d'arbustes verdoyants. Toutes les ressources de l'art du vitrail sont brillamment utilisées avec parfois quatre épaisseurs de verres superposés. L'effet produit était saisissant, le visiteur ayant l'impression de pénétrer dans un sous-bois humide, profond et mystérieux. Les sept verrières ont été dispersées en 1972 et la galerie déposée au musée de l'Ecole de Nancy ;

• rue de la Hache, n° 45. Magasin de Schwartz, ébéniste, par G. Biet et J. Gruber, 1901. Devanture aux lignes souples et nerveuses exécutée par le commanditaire. Démontée en 1986 ;

• rue Jacquinot. Hôtel particulier de Melin, avocat, par Paul Charbonnier. Détruit en 1970 ;

• boulevard Lobau, n° 38. Villa « Les Clématites » de J. Kronberg, marchand de charbon. 1900, agrandie en 1910, détruite en 1973. Cette demeure de style comportait d'intéressantes verrières de J. Gruber, dans la cage d'escalier : perroquets dans un décor végétal néo-XVIIIe s. ;

• rue Mazagran. Les Magasins Réunis de Corbin et Cie par Lucien Weissenburger, 1907. Après le décès d'Antoine Corbin, le fondateur en 1901, le développement commercial de l'entreprise permit une implantation monumentale et luxueuse à proximité de la très active place Thiers. L'architecte cultiva l'image et l'imaginaire du grand magasin parisien avec tous ses archétypes : enveloppe de pierre masquant une structure métallique composée de trois niveaux de galeries ouvertes sur deux halles couvertes de plafonds vitrés, tourelles d'angle érigées comme de flamboyants symboles commerciaux. Les entrées renouent plus directement avec l'Ecole de Nancy par le biais d'ornements modernes : fleurs et ailes de papillon réalisées dans le verre ou en métal. Dans le secteur des marchandises pré-

Victor Prouvé : cariatide en bronze à l'entrée des Magasins Réunis. Nancy. 1908.

cieuses, Victor Prouvé exécute des cariatides de bronze d'une parenté d'inspiration avec la porte très célèbre du magasin du bijoutier parisien Fouquet. Les participations de Gruber, Cayette, Majorelle, Bussière, Daum, Finot, Guingot et Prouvé soulignent l'importance de l'Ecole de Nancy dans la décoration de cet espace fastueux incendié après un bombardement en janvier 1916. Il fut remplacé en 1926 par un nouveau Magasins Réunis, actuel Printemps, œuvre de Pierre Le Bourgeois ;

• rue de Malzéville, n° 27. Hôtel particulier de Paul Luc, industriel en cuir, par Henri Gutton et Joseph Hornecker, 1905-1906. Détruit en 1968. Le programme fixé en étroite collaboration avec le propriétaire adoptait une distribution simple et confortable des espaces en fonction de leur destination. Façades asymétriques avec une animation qui se portait sur le perron, le balcon et pour l'élévation postérieure sur la terrasse et le bow-window. Pas d'ornementation. Aménagement intérieur éclectique : mobilier anglais, copie Louis XV et meubles de Gallé et de Majorelle. Du mobilier et certains éléments du décor sont aujourd'hui conservés au musée de l'Ecole de Nancy : cheminée (salle Majorelle), grille d'appui et plafonnier du ferronnier parisien Edgar Brandt, coiffeuse en citronnier de Majorelle, table à courrier de Gallé, verrière du salon de Gruber... ;

• rue Raugraff, n° 13. Anciens magasins Vaxelaire et Pignot par Charles André, Emile André et Eugène Vallin, 1901. Deux travées seulement subsistent de nos jours. Voir p. 141 ;

• rue Stanislas, n° 38. Maison d'Art Lorraine de Charles Fri-

drich, 1901. Cette devanture présentait un curieux décor plaqué : des arbres aux racines fixées avec détail et dont ramures et feuillages rampaient le long de la corniche ;

• parc Sainte-Marie. Pavillon de l'Ecole de Nancy pour l'Exposition internationale de l'Est de la France par Eugène Vallin, 1908-1909. Réalisé en ciment armé, il fut rasé peu de temps après la fin de l'exposition. Le programme initial n'avait pas été respecté et les staffs masquèrent les parties inachevées. Victor Prouvé réalisa une grande allégorie en frontispice : l'Inspiration suit le vol puissant d'un aigle tandis que l'Etude contemple des arbrisseaux poussant parmi les ruines ;

• rue Saint-Dizier, n° 2. Chapellerie Delchard, 1901. Devanture d'un graphisme élégant et raffiné. Détruite ;

• rue Saint-Dizier, n° 34. Café-restaurant « Le Grand Café »

Eugène Vallin : pavillon de l'Ecole de Nancy, Parc Sainte-Marie. Nancy. Exposition de 1909.

Eugène Vallin : salle du restaurant Moitrier à Metz. 1907.

par Lucien Bentz, vers 1903. La façade néo-XVIIIe s. est aujourd'hui défigurée. Sur la rue, vitraux et à l'intérieur plafond avec verrière aux capucines de Gruber. Détruit ;

• rue de la Visitation, n° 12. Pharmacie centrale - Rosfelder par Emile André. Détruite en partie pendant la Première Guerre mondiale. Seules subsistent les portes latérales aux lignes fermement construites et une mince frise végétale d'esprit néo-gothique.

Hors Nancy, on signalera également la mutilation à Liver-dun (Meurthe-et-Moselle) de la villa « La Garenne » de Charles Masson, gendre d'Antoine Corbin œuvre de Lucien Weissenburger (1903), les disparitions à Verdun, dans la Meuse, du décor d'une pâtisserie (1901) et de la salle à manger de l'hôtel du Coq hardi (1903), deux réalisations de Paul Chenevier. En Moselle, à Metz, rue Serpenoise restaurant Moitrier par Eugène Vallin, vers 1907. L'espace intérieur, puissamment articulé e d'une grande cohésion fut ra vagé par un incendie le 26 décembre 1969.

● **Informations - Accueil**

Camping municipal - Parc de Brabois, 54600 Villers-lès-Nancy 83.27.18.28
Centre d'accueil du château de Remicourt - Rue de Vandœuvre, 54600 Villers-lès-Nancy 83.27.73.67
Centre information Jeunesse Lorraine - 20, quai Claude-Le-Lorrain 83.37.04.46
Conseil Général de Meurthe-et-Moselle - 1, rue Lyautey 83.35.61.20
Consulat de Belgique - 15, rue de la Mothe 83.32.22.10
Consulat de Finlande - 37, boulevard de Scarpone 83.98.64.40
Consulat général de R.F.A. - 15, rue de Buthegnémont 83.96.12.43
Consulat du Grand-Duché de Luxembourg - 41, place Carrière 83.35.48.79
Consulat du Portugal - 19, avenue Anatole-France 83.35.26.03
France Régions 3 - 43, route de Mirecourt, Vandœuvre 83.51.11.26
Horloge parlante 83.28.84.00
Hôtel de ville - Place Stanislas, rue Pierre-Fourier 83.37.65.01
Météorologie-informations 83.21.29.12
Nancy Accueille - 37, rue des Dominicains 83.35.20.78
Office de tourisme - 14, place Stanislas ... 83.35.22.41
Palais des Congrès - Rue du Grand-Rabbin-Haguenauer 83.36.65.10
Parc des Expositions - R.N. 57 (direction Epinal) 83.51.09.01
Poste principale - 8, rue Pierre-Fourier 83.36.51.47
Préfecture - 1, rue Maurice-Barrès 83.35.61.20

● **Les parkings**

Parking Barrès (470 places) superstructure (ouvert 24 h sur 24)
Parking Carnot (480 places) souterrain ... (ouvert 24 h sur 24)
Parking Joffre - Saint-Thiébault (400 places) souterrain .... (ouvert de 7 h à 23 h)
Parking Léopold (400 places) en surface .. (ouvert 24 h sur 24)
Parking Mengin - Marché (400 places) souterrain .... (ouvert 24 h sur 24)
Parking Saint-Nicolas (600 places) superstructure .... (ouvert de 8 h à 12 h 30 et de 13 h 30 à 20 h)
Parking Saint-Thiébault (280 places) souterrain .... (ouvert 24 h sur 24)

154

Parking Saint-Sébastien (1 200 places) superstructure . . . . (ouvert de 8 h 30 à 22 h)
Parking Thiers (720 places) souterrain . . . . (ouvert 24 h sur 24)
Parking Vaudémont (280 places) en surface . . . . (ouvert 24 h sur 24)

● Transports

Aéroport de Nancy-Essey 83.21.56.90
Courriers Mosellans - Place Colonel-Driant 83.32.23.58
Gare S.N.C.F. - 3, place Thiers - Informations 83.56.50.50
Réservations 83.37.65.37
Rapides de Lorraine - 56, place Monseigneur-Ruch 83.32.34.20
Taxis - 1, rue Crampel 83.37.65.37
Trolley-bus (C.G.F.T.E.) - 11, avenue de Boufflers. Direction 83.40.29.65
Renseignements 83.41.46.25

● Musées

Musée de l'Ecole de Nancy - 36-38, rue du Sergent-Blandan 83.40.14.86
Musée des Beaux-Arts - Place Stanislas, B.P. 218 . . . . 83.37.65.01 - poste 2803
Musée Lorrain - Palais Ducal - 64, Grande Rue 83.32.18.74
Musée des Arts et Traditions Populaires - 66, Grande Rue 83.32.18.74
Eglise des Cordeliers et chapelle ducale - 66, Grande Rue 83.32.18.74
Musée de l'Histoire du Fer - Avenue du Général-de-Gaulle, Jarville-la-Malgrange 83.56.01.42
Musée de Géologie - 94, avenue de Lattre-de-Tassigny 83.32.85.86
Musée de Zoologie et aquarium tropical - 34, rue Sainte-Catherine 83.32.99.97
Musée du Château de Montaigu - Laneuveville-devant-Nancy 83.51.25.63
Galerie municipale - Hôtel de ville, place Stanislas 83.37.65.01
Jardin botanique - 100, rue du Jardin-Botanique, 54600 Villers-lès-Nancy 83.41.47.47

● Pour les chercheurs

Archives Municipales - 1, rue Henri-Bazin   83.37.65.01 - poste 2501
Archives Départementales et Centre de Documentation - 1, rue de la Monnaie 83.35.40.52
Bibliothèque Municipale - 43, rue Stanislas 83.37.38.83
Commission Régionale d'Inventaire de Lorraine - 29, rue du Haut-Bourgeois 83.32.90.63

Index

Les chiffres en *italique* renvoient aux illustrations.
Les chiffres en **gras** soulignent la part importante accordée dans le texte au personnage cité.

AIMÉ, docteur, commanditaire : 143.
ANDRÉ Charles, architecte (1841-1928) : 20, 26, 47, 111, *141*, 152.
ANDRÉ Emile, architecte (1871-1933) : 16, **32**, **33**, 34, **47**, 49, 52, 70, 74, *98*, 108, 109, *110*, 112, 115, 118, *120*, 121, *122*, 124, *124*, 129, *130*, 130, 131, 132, *141*, *142*, 142, 144, *146*, 146, 152, 153.
ANDRÉ Jules-Louis, architecte parisien (1819-1890) : 49.
ARGENTAL (d'), marque « art nouveau » de la cristallerie de Saint-Louis : 76, 78, **90**, 91.
AUBLET Albert, peintre (1851-1938) : 86.
AUGUIN Edgar, peintre (1844-1901) : 16.
AURIOL Vincent, homme politique (1884-1966) : 84.
ARBOIS de JUBAINVILLE (d'), Henri, historien (1827-1910) : 85.
ARNOUX-MASSON, commerçant et commanditaire : 142.
BADEL Emile, historien : 28, 109.
BAKER Joséphine, danseuse, chanteuse (1906-1975) : 93.
BARRÈS Maurice, écrivain (1862-1923) : 76, 85, 113.
BARRIAS Louis-Ernest, sculpteur (1841-1905) : 50, 55.
BASTIEN-LEPAGE Jules, peintre (1848-1884) : 50.
BAUDELAIRE Charles, poète et écrivain (1821-1867) : 11.
BELLIENI Henri, fabricant d'instruments de précision et d'optique (1857-1938) : 76.
BENOIT atelier, XXᵉ s. : 117, 147.
BENOIT Joseph, maître-verrier (1871-1939) : 54.
BENTZ Lucien, architecte (1866-?) : **47**, 109, 132, 141, 143.
BERGÉ Henri, dessinateur (1870-1937) : 22, *30*, 31, *47*, **47**, 49, 58, 75, 81, *149*, 149.
BERGERET Albert, imprimeur, commanditaire (1859-1932) : 32, 47, **48**, 85, 110, 115, 133.
BERLIOZ Hector, compositeur (1803-1869) : 99.
BERNHEIM Hippolyte, professeur de médecine (1840-1919) : 10, 85.
BERR Henri, écrivain (1863-1954) : 85.
BICHAT Ernest (1845-1905) : 85.
BIET Eugène, représentant : 109, 140.
BIET Georges, architecte (1868-1955) : 26, **33**, *34*, 38, **48**, *97*, 109, 112, 114, *122*, *126*, 126, 127, 140, *143*, 143, *148*, 148, *149*, 149, 151.
BIGOT Alexandre, céramiste (1862-1927) : 100, 130, 136, 138.
BING Siegfried, antiquaire, collectionneur (1838-1905) : 32, 54.
BLAVY P., entrepreneur : 118.
BONNARD Pierre, peintre (1867-1947) : 55, 106.
BONVALET Lucien, artiste-décorateur : 95.
BOUCHER Claude, maître-verrier (1842-1913) : 104.
BOUCHER James : 104.
BOUDIN Eugène, peintre (1824-1898) : 104.
BOURGON Charles-Désiré, architecte (1855-1915) : **48**, 108, 113, 114, 116, 129, 140.
BRANDT Edgar, ferronnier d'art (1880-1960) : 116, 152.
BRUNOT Ferdinand, linguiste (1862-1955) : *74*, 74.

BURGUN-SCHWERER, verrerie : 14, 90.
BURGUN Mathieu, verrier (1825-1889) : 14, 90.
BURNOUF Emile, linguiste, orientaliste (1821-1907) : 85.
BUSSIÈRE Ernest, statuaire (1863-1913) : *17*, 31, **48**, 49, 66, 70, *75*, 75, 85, 86, 88, *89*, 114, 145, 151.
CABANEL Alexandre, peintre (1808-1879) : 50.
CALLOT Jacques, graveur (1592-1635) : 11, 49, 99.
CAMAL Henri, commanditaire : 144.
CARABIN François-Rupert, sculpteur (1862-1932) : 33, 75, 100.
CARDEILHAC, orfèvre : 95.
CARLIS A., sculpteur (1868-1930) : 93.
CARNOT Sadi, homme politique (1837-1894) : 113.
CAROT Henri, maître-verrier : 78, 99.
CARRIÈRE Eugène, peintre (1849-1906) : 87.
CARRIES Jean, céramiste (1855-1894) : 55, 96, 100.
CAYETTE Jules, sculpteur : 64, 70, 151.
CAYOTTE Léon, architecte (1875-1946) : 110.
CÉSAR Félicien, architecte : 113, 133.
CÉSAR Fernand, architecte (1879-1969) : 113, 133, 143.
CÉZANNE Paul, peintre (1839-1906) : 52.
CHALIGNÉ, cabinet d'échantillons, XXᵉ s. : 58.
CHAMPIGNEULLE, ateliers XIXᵉ-XXᵉ s. : 28, 31.
CHAMPIGNEULLE Emmanuel, maître-verrier (1860-?) : *33*, 116.
CHAPLET Ernest, céramiste (1835-1909) : 55, 72, 96, 100.
CHARBONNIER Paul, architecte (1865-1953) : 24, **48**, 108, 109, 111, 118, *118*, 121, 127, *128*, *129*, 129, 132, 151.
CHARCOT Jean-Martin, médecin (1825-1893) : 10.
CHARDOT, négociant commanditaire : 133.
CHARPENTIER Alexandre, sculpteur-médailleur (1856-1909) : 96, 100.
CHARTRES Marguerite de : 100.
CHENEVIER Paul-Nicolas, architecte : 116, 153.
CHEPFER Georges, chansonnier (1871-1945) : 85.
CHÉRET Jules, peintre (1836-1932) : 92.
CHRISTIAN Désiré, verrier (1846-1907) : 14, *90*, 90.
CLAUDEL Charles-Auguste, entrepreneur de menuiserie (1827-1893) : 57.
CLEMENCEAU Georges, homme politique (1841-1929) : 55.
COLIN Paul, affichiste (1892-1985) : 29, 34, 85.
COLIN Paul-Emile, graveur (1867-1949) : 76.
COLONNA Edouard (1863-1948) : 96.
COMITÉ NANCY-PARIS (1923-1927) : 45.
CONDÉ Géo, peintre : 56, 89.
CORBIN Antoine, commerçant (1835-1901) : 49, 69, 85, 114, 151, 153.
CORBIN Jean-Baptiste-Eugène, commerçant et commanditaire (1867-1952) : 35, **49**, 52, 63, 75, 114, 146, 151.
CORETTE, peintre : 64.
COROT Camille, peintre (1796-1875) : 104.
COURNAULT Etienne, peintre (1891-1948) : 84, 93.

CROISY : 87.
CROS Henri, verrier (1840-1907) : 55, 96, 101.
CYTÈRE A., fabricant-céramiste : 28, 35, 64, 70.
DAIGUEPERCE Albert, concessionnaire d'Emile Gallé (1873-1966) : 15.
DAIGUEPERCE Marcelin, concessionnaire d'Emile Gallé (1844-1896) : 15, 43.
DAMPT Jean, sculpteur (1854-1945) : 96, 100.
DANNREUTHER Henri, négociant en porcelaine et cristaux : 51.
DAUBREE, orfèvre : 41.
DAUM, verrerie, cristallerie XIXe-XXe s. : 9, *19*, *19*, *22*, 22, 23, 26, 27, *30*, 31, *35*, 35, 37, 39, 40, 44, 47, 49, 51, **58**, 60, 66, 68, 69, 70, 75, 76, 78, **79-84**, *80*, *81*, 85, 90, 93, 96, 98, 101, 102, 106.
DAUM Antonin, ingénieur des arts et manufactures, maître de verreries (1864-1930) : 15, 19, 21, 23, 29, 31, 33, 36, 43, **49**, 78, 80, 82.
DAUM Auguste, juriste, maître de verreries (1853-1909) : 19, 31, 43, 49, 82.
DAUM Jean, notaire (1825-1885) : 43, 49.
DAVID d'ANGERS Pierre-Jean, sculpteur (1788-1856) : 113.
DECORCHEMONT François, verrier (1880-1971) : 96.
DEGAS Edgar, peintre, graveur, sculpteur (1834-1917) : 55.
DEGOUVE de NUNCQUES William, peintre (1867-1935) : 75.
DELAHERCHE Auguste, céramiste (1857-1940) : 55, 87, 96, 100.
DELCHARD, chapelier : 152.
DELATTE André, verrier (1887-1953) : 36, **49**, 90.
DENIS Maurice, peintre (1870-1943) : 106.
DÉON Louis, architecte (1879-1923) : 132, 142.
DESCELLES Paul, dessinateur : 68.
DESPRÉS Jean, orfèvre : 93.
DESPRET Georges, verrier (1862-1952) : 96, 101.
DESCH Auguste, peintre (1877-1924) : 66, 73, 75.
DEVILLY Théodore, peintre (1818-1886) : 17.
DIGOT Augustin, historien (1815-1864) : 85.
DREYFUS Alfred, officier (1859-1935) : 16, 74, 77, 94.
DUBOIS Paul, sculpteur (1829-1905) : 64.
DUCRET, entrepreneur de peinture, commanditaire : 132.
DUNAND Jean, céramiste (1877-1942) : 96.
FANTIN-LATOUR Henri, peintre et lithographe (1836-1904) : 104.
FEREZ Justin, sculpteur ébéniste (1870-1921) : 35, 39.
FERNBACH, industriel, commanditaire : 120.
FERRY Jules, homme politique (1832-1893) : 91.
FEUILLÂTRE Eugène, sculpteur, orfèvre et émailleur (1870-1916) : 101.
FEURE Georges de, peintre, artisan, verrier (1868-1928) : 91.
FINOT Alfred, sculpteur (1876-1946) : 49, **50**, 56, 70, 86, 114, 151.
FLAUBERT Gustave, écrivain (1821-1881) : 68.
FOUQUET, bijoutier : 151.
FOURCAUD Louis de BOUSSÈS de, littérateur, critique, professeur (1851-1914) : 77, 103.
FRANCE-LANORD, entrepreneur et commanditaire : 130.
FREUD Sigmund, neurologiste, psychiatre (1856-1939) : 10.
FRIANT Emile, peintre (1863-1932) : 17, 44, *50*, **50**, 54, 55, 70, 72, 75, 76, 84, 85, 86, 89, 93.
FRIDRICH Charles, tapissier-décorateur (1876-1962) : 27, 44, **50**, 115, 152.
FROMENT-MEURICE, orfèvre : 96.
FRÜHINSHOLZ, tonnelier industriel : 115.
GAILLARD Eugène, architecte, dessinateur de meubles (1862-1933) : 96.

GALL Eugène, chef-verrier : 31.
GALLÉ Charles, négociant (1818-1902) : 13, 43, **50**, 105, 150.
GALLÉ Claude, fille d'Emile Gallé : 64, 72.
GALLÉ Emile, fabricant, maître de verreries (1846-1904) : *7*, 7, *8*, 8, 9, **10-16**, *11*, *13*, *14*, *17*, 18, 19, 20, 21, *22*, 22, 23, *24*, 24, 25, 26, 27, *28*, 28, 29, 33, 34, 36, 39, 40, 41, 43, 44, 45, **51**, 52, 53, 55, 56, 57, *60*, *61*, 61, 64, *65*, 65, 66, *67*, 67, 68, 69, 70, 71, *72*, 72, 73, *74*, 76, 77, 80, 82, 85, 86, *87*, 88, 90, 91, **93-96**, 98, 100, **102-106**, *105*, 112, 114, 142, 150, 152.
GALLÉ Geneviève, fille d'Emile Gallé : 64, 72, 74.
GALLÉ Henriette, née GRIMM : 29.
GALLÉ Lucile, fille d'Emile Gallé (1879-1981) : 71.
GALLÉ Thérèse, fille aînée d'Emile Gallé (1877-1966) : 71.
GANAY Marquise de, commanditaire : 72.
GAUDIN, négociant en cuir, commanditaire : 97, 122.
GAUGUIN Paul, peintre (1848-1903) : 55, 106.
GAUTHIER Camille, fabricant de meubles d'art (1870-1963) : 9, 24, *51*, **51**, 75, *86*.
GAUTIER Théophile, écrivain (1811-1872) : 78.
GAUVILLÉ Charles, peintre-verrier : 112, 143.
GEBHARD Emile, historien (1839-1908) : 85.
GEIGER Paul de, directeur des faïenceries de Sarreguemines : 92.
GÉNIN-LOUIS, grainetier, commanditaire : 111, 119.
GENTIL-BOURDET, céramiste : 138.
GEORGES, négociant en vin, commanditaire : 132.
GÉRARD, architecte : 78.
GIGUET R.A., peintre : 147.
GIRAULT Charles, architecte (1851-1932) : 100.
GODRON Alexandre, botaniste (1807-1880) : 12.
GONCOURT Edmond de, écrivain (1822-1896) : 85.
GOOR Gaston, peintre XXe s. : 56, 66, 89.
GOUDCHAUX, commerçant, commanditaire : 127.
GRASSET Eugène, peintre, artisan d'art (1841-1917) : 76, 96, 101.
GREFFULHE Comtesse Henri, commanditaire (1860-1952) : 100.
GRUBER Jacques, peintre, maître-verrier (1870-1936) : 9, 9, 18, 19, 23, *31*, 31, 35, 37, *38*, 39, *40*, 44, 45, 47, 48, 49, **51**, 53, 59, 64, 70, 72, 75, *80*, *86*, 93, *98*, 99, 111, 112, 116, 117, 119, 122, 123, 127, 131, 134, 136, 137, 138, 140, 141, 143, 147, 150, 151, 153.
GUADET Jules, architecte : 48.
GUAÏTA Stanislas de, littérateur (1861-1897) : 85.
GUERCHAT, orfèvre : 96.
GUILLAUME Victor, peintre (1880-1942) : 32, 34, **52**, 84.
GUIMARD Hector, architecte (1867-1942) : 26, 75, 93, 119, 125, 136.
GUINGOT Louis, peintre-décorateur (1864-1948) : 34, 44, 49, **52**, 59, 89, 91, 150, 151.
GUTTON Henri, ingénieur-architecte (1851-1933) : 24, 26, 32, 33, **52**, 53, 69, 109, 110, 116, *117*, *119*, 119, *125*, 125, 150, 151.
GUTTON Henry, architecte (1874-1963) : 24, 26, **52**, 109, *119*, 119.
GYP, pseudonyme littéraire de la Comtesse de MARTEL (1850-1932) : 86.
HANNON Edouard, ingénieur, commanditaire (1853-1931) : 74.
HERBST Auguste, collaborateur de Gallé : 21, 95, 102, *105*, 105.
HÉRÉ Emmanuel, architecte (1705-1763) : 112.

HERMANT Jacques, architecte (1855-1930) : 138.
HERMITE Charles, mathématicien (1822-1901) : 85.
HESTAUX Louis, peintre-décorateur (1858-1919) : 13, 16, 21, 43, 44, *52*, *53*, 56, 57, 64, 65, 74, *86*, 86.
HEYMANN Albert, fabricant de broderie : 32, 70.
HINZELIN Emile, journaliste et poète (1858-1937) : 104.
HIRSCH Henry, magistrat, commanditaire (1860-1944) : 28, **53**, 71, 76, 77, 98.
HOENTSCHEL Georges (1855-1915) : 95.
HOLDENBACH Paul, sculpteur, ébéniste, collaborateur de Gallé : 21, *105*, 105.
HOFFMANN Josef, architecte (1870-1956) : 100.
HÖNER atelier XIXe s. : 31, 117.
HÖNER XIXe, peintre-verrier (1840-1896) : 53.
HORNECKER Joseph, architecte (1873-1942) : 33, 52, *53*, **53**, 69, 109, 110, 111, 121, *125*, 125, 150, 151.
HORTA Victor, architecte (1861-1947) : 100, 127.
HUART baron d', directeur des faïenceries de Longwy : 87.
HUGO Victor, écrivain (1802-1885) : 74, 80, 94, 95, 101, 105.
HUOT, commanditaire : 124.

IBSEN Henrik, écrivain norvégien (1828-1906) : 10.

JACQUES, professeur à la faculté de médecine, commanditaire : 108, 129.
JACQUES, pharmacien, commanditaire : 132.
JALLOT Léon, créateur de mobilier d'art (1874-1967) : 74.
JANIN frères atelier XXe s. : 31, **53**, 117, 134.
JANIN Georges, maître-verrier (1884-1955) : **53**, 54.
JANIN Joseph, peintre-verrier (1851-1910) : 48, **53**, *54*, 134.
JEANNE D'ARC (1412-1431) : 11.
JENNESSON J. Nicolas, architecte : 112.
JOURDAIN Francis, peintre, concepteur de meubles (1876-1958) : 136, 138.

KAHN Gustave, poète (1859-1936) : 85.
KAUFFER Ferdinand, joaillier : 41, 85.
KELLER Charles, ingénieur : 24, 127.
KELLER et GUÉRIN, faïencerie : 31, 40, 48, *75*, 75, 88, *89*, 96.
KOENIG R., peintre : 64, 72.
KOENIG et LAFITTE, ateliers XXe s. : 72.
KOEPPING Karl, verrier (1848-1914) : 99.
KRONBERG J., marchand de charbon, commanditaire : 66, 67, 151.

LACHENAL Edmond, céramiste (1855-1930) : 88.
LALIQUE René, joaillier, verrier (1860-1945) : 41, 90, 96, 100, 106.
LALOUX Victor, architecte (1850-1937) : 49.
LAMOUR Jean, ferronnier (1698-1771) : 112.
LANG H., industriel, commanditaire : 124.
LANG, ferrailleur : 140.
LANTERNIER Louis, architecte : 108, 112, *144*, 145.
LANVIN Jeanne : 93.
LARCHER Jules, peintre : 47.
LAVIROTTE Jules, architecte (1864-1924) : 33, 130.
LEBEAU Charles, négociant en bois (1842-1916) : 104.
LE BOURGEOIS Pierre, architecte (1879-1971) : 36, 108, 111, *128*, 128, 151.
LECONTE de LISLE Charles, poète (1818-1894) : 66, 103.
LEFÈVRE Antoine-Louis, industriel (1814-1880) : 85.

LEGRAS et Cie, verrerie et ateliers de décoration pour verre d'usage, à Saint-Denis, 1864-1914 : 91.
LEJEUNE A., peintre : 108, *146*, 146.
LEMOINE Victor, horticulteur (1823-1911) : 78, 109.
LEPAGE Henri, historien (1814-1887) : 85.
LEVEILLÉ Ernest, verrier (1841-1913) : 99.
LÉVY Alfred, dessinateur, collaborateur de L. Majorelle : 18, 54.
LIÉBAULT Auguste, médecin : 10.
LOMBARD Jules, maître de forges, commanditaire : 129.
LOOS Adolf, architecte (1870-1933) : 100.
LOPPINET, conservateur honoraire des Eaux et Forêts, commanditaire : 108, 129.
LUC Paul, industriel en cuir, commanditaire : 69, 151.
LUC Victor, industriel en cuir, commanditaire : *138*, 138.
LURÇAT Jean, peintre (1892-1966) : 29, 76.
MACKINTOSCH Charles-Rennie, architecte (1868-1928) : 100.
MAETERLINCK Maurice, écrivain (1862-1949) : 95, 101.
MAGENTA, duc de (1855-1927) : 100.
MANET Edouard, peintre, graveur (1832-1883) : 55.
MAJORELLE Auguste, marchand d'objets d'art, fabricant de meubles laqués (1825-1879) : 43, 50, **54**, 68, 88, 93.
MAJORELLE Jacques, peintre : 69.
MAJORELLE Louis, artiste-décorateur, maître-ébéniste (1859-1926) : 9, 16, 17, *18*, 18, 19, 21, 23, 25, 26, 27, 29, 31, *32*, 32, *35*, 35, *36*, 37, 39, 40, 43, 44, 45, 48, 49, 50, 51, **54**, 64, *65*, 65, 66, 68, 69, 70, 72, 75, 76, 82, 83, *86*, *87*, 96, *97*, 97, 98, 111, 112, 116, 122, 129, 131, 134, *136*, 136, *137*, 137, 140, 151, 152.
MAJORELLE Pierre, fabricant de meubles : 54.
MANGEOT, facteurs de pianos, XIXe s. : 68.
MANGON E., entrepreneur, commanditaire : 118.
MARCHAL Louis, architecte (1879-?) : *34*, 111, *131*, 131.
MARÉCHAL atelier, XIXe s. : 53.
MARGOT, avoué, commanditaire : 148.
MARINOT Maurice, maître-verrier, peintre : 106.
MARTIN Camille, peintre (1861-1898) : 16, 17, *20*, 20, *27*, 44, 52, *54*, **54**, **55**, 57, 58, 59, 68. 69, 70, 73, 74, 76, 85.
MARTIN Eugène, abbé : 45.
MARX Adrien, journaliste : 55.
MARX Roger, critique d'art (1859-1913) : 14, 17, **55**, 85, 96.
MASSON Charles, commerçant, commanditaire : 58, *69*, 69, 75, 153.
MASSON Charles, commanditaire : 109, 110.
MAHEUX Paul, décorateur sur verre : 49.
MATHIEU François-Désiré, historien (1839-1908) : 85.
MELIN, avocat, commanditaire : 151.
MEIXMORON de DOMBASLE Charles de, industriel, peintre (1839-1912) : 10, **55**, 69, 70, 84, 86.
MÉZIÈRES Alfred, professeur (1826-1915) : 85.
MICHEL Eugène, verrier (1848-1904) : 99.
MIENVILLE Alexandre, architecte (1876-?) : 27, *36*, 111, *139*, 139.
MOITRIER, restaurant : 115, *153*, 153.
MONET Claude, peintre (1840-1926) : 55.
MONTESQUIOU Robert de (1855-1921) : 15, 95, 100.
MOREY Prosper, architecte (1805-1886) : 86.
MORRIS William, décorateur, dessinateur, poète (1834-1896) : 23.

MOUGIN les frères, céramistes : 32, 35, 37, 39, *55*, **55**, *57*, 59, 70, 75, 76, 88, 89.
MOSELLY Emile, écrivain (1870-1918) : 85.
MUCHA Alfons, peintre-décorateur (1860-1939) : 70, 96.
MULLER Adelphe, faïencier : 13, 14, 91.
MULLER les frères, verriers : *30*, 31, 36, 49, **56**, 66, 70, 78, **88**, 89, 90, 91.
MUNIER Gaston, architecte (1871-1918) : 34.

NATHAN Mme, épouse du critique d'art Jules RAIS : 78.
NEISS, ébéniste : 35.
NICOLAS Emile, greffier, critique d'art (1871-1940) : 35, **56**.
NICOLAS Paul, décorateur sur verre (1875-1952) : 37, **56**, 70, 78, *90*, 91.

PAIN César, promoteur-métreur (1872-?) : 108, 109.
PANNIER les frères : 99.
PASCAL, architecte : 53.
PASTEUR Louis, chimiste, biologiste (1822-1895) : 101.
PATOUILLARD DEMORIANE René, architecte : 109.
PERDRIZET Paul, archéologue, historien d'art : 29, 68.
PETITJEAN Edmond, peintre (1844-1925) : 86.
PÈTRE Charles, sculpteur, XIXe s. : 57.
PFISTER Christian, historien (1857-1933) : 85.
PIERRON Arthur, statuaire : 95.
POINCARÉ Henri, mathématicien (1854-1912) : 85.
POINCARÉ Raymond, homme politique (1860-1934) : 76, 85, 116.
POINSIGNON associé de C. Gauthier : 51, 75.
PROUVÉ Jean, ferronnier, constructeur (1901-1986) : 70.
PROUVÉ Madeleine : 70.
PROUVÉ Victor, peintre (1858-1943) : *7*, 13, 16, *17*, 17, 20, 21, *24*, 24, *27*, 27, *29*, **29**, 33, *35*, 35, 41, 44, 49, *55*, 55, **56**, **57**, *57*, 58, 59, 64, 65, 66, 68, *69*, 69, 70, 71, 72, 73, 75, 76, 78, 84, 85, 86, 89, 91, 94, 96, 99, 101, 103, 127, *151*, 151, 152.

QUINTARD Lucien, peintre (1849-1905) : 86.

RAFFAELLI Jean-François, peintre (1850-1924) : 85.
RENOIR Auguste, peintre (1841-1919) : 55.
RENAUDIN Alfred, peintre (1866-1944) : 89, 93, 109, 141.
REINACH Joseph, avocat, homme politique (1856-1921) : 94.
REINEMER Fanny, Mme Charles Gallé (1825-?) : 43, 50.
RICHEPIN Jean, écrivain (1849-1926) : 96.
RIDLINGER Général : 73.
ROBERT Emile, ferronnier : 78.
ROCHE Pierre, sculpteur (1855-1932) : 78, 96.
RODIN Auguste, sculpteur (1840-1917) : 55.
RONGA Séverin, orfèvre : 41, 50.
ROUSSEAU François-Eugène, verrier (1827-1890) : 99.
ROYER Henri, peintre (1869-?) : 86, 93.
ROYER Jules, imprimeur (1845-1910) : 85, 145.
RUSKIN John, critique d'art, écrivain (1819-1900) : 23.

SAINT-LOUIS, cristallerie : 56, 76, 90, 91.
SAUVAGE Henri, architecte (1873-1932) : *25*, 25, 33, 44, 58, 70, 108, *136*, 136, *137*, 137.
SCHERTZER Théodore-Frédéric, ingénieur-constructeur (1845-?) : 149.
SCHIFF Mathias, sculpteur (1862-1886) : 86.
SCHULLER G., décorateur : 87, 92.
SCHWARTZ, ébéniste : 64, 75, 123, 151.
SCHWOB Marcel, écrivain (1867-1905) : 65.

SELLIER Charles, peintre (1830-1882) : 66, 69, 74.
SELMERSHEIM Tony, créateur de mobilier (1871-1971) : 72.
SERRURIER-BOVY Gustave, fabricant de meubles d'art (1858-1910) : 51, 100.
SIMAS : 92.
SORIOT Ismael, graveur sur cristal, collaborateur de Gallé : 21.
SOLVAY, industrie chimique : 77.
SPILLMANN, docteur, commanditaire : 108, 145.
SPIRE André, écrivain (1868-1966) : 85.
STEINLEN Théophile-Alexandre, dessinateur, affichiste (1859-1923) : 92.
SULLY PRUDHOMME René-François-Armand PRUDHOMME dit, poète (1839-1907) : 103.

TAKASHIMA Hokkaï, forestier, peintre (1850-1931) : 16, *17*, 43, 48, 55, **57**, 81.
TIFFANY Louis-Comfort, verrier (1848-1933) : 101.
TOULOUSE-LAUTREC Henri de, peintre (1864-1901) : 55.
TOUSSAINT Emile, architecte (1872-1914) : *34*, 111, *131*, 131.

VALLIN Auguste, sculpteur (1881-1967) : 27, **58**, 63, 68, 75.
VALLIN Eugène, artiste industriel (1856-1922) : 9, 17, 19, *20*, 20, 21, 23, 26, 27, 32, 33, 34, 35, 38, *40*, 40, 43, 44, 45, 48, 52, **57**, 58, 66, 67, *69*, 69, 75, 76, *87*, 97, *98*, 109, 112, 114, 115, 116, *117*, 118, 123, *126*, 126, *127*, 127, 134, 135, *141*, 142, *143*, 143, *148*, 148, 149, *152*, 152, *153*, 153.
VAN DE VELDE Henry, peintre, architecte (1863-1957) : 20, 44, 100.
VARIN Paul, banquier : 117.
VASNIER Henri, directeur des Champagnes Pommery, commanditaire (1832-1907) : 105.
VAUTRIN Albert, sculpteur-décorateur : 129, 141.
VAXELAIRE et PIGNOT, maison : 26, *98*, 98, 111, *141*, 141, 152.
VENTRILLON Ernest, peintre (1884-1953) : 56, 70.
VERLAINE Paul, poète (1844-1896) : 85, 99.
VILGRAIN Louis, minotier : 113.
VIOLLET-LE-DUC Eugène, architecte (1814-1879) : 19, 24, 25, 38, 57, 66, 119.
VOIRIN Jules, peintre (1833-1898) : 86.
VOIRIN Léon, peintre (1833-1887) : 86.
VUILLARD Edouard, peintre (1868-1940).

WAGNER Otto, architecte (1841-1918) : 100, 139.
WAGNER Richard, compositeur (1813-1883) : 80.
WAIDMANN Pierre, peintre (1860-1937) : 91.
WALTER Amalric, céramiste-verrier (1870-1959) : *30*, 31, 35, 37, 47, 49, **58**, 70, 78.
WEISSENBURGER Lucien, architecte (1860-1929) : 25, 32, 33, *36*, 36, 38, 48, 49, **58**, 63, 70, 78, 108, 110, 111, 113, 114, 115, *123*, 123, 124, *125*, *133*, 133, *134*, 136, *139*, 139, *145*, 145, 146, *147*, 150, 151, 153.
WIENER Lucien, libraire-relieur (1828-?) : 58, 86.
WIENER René, libraire-relieur (1855-1940) : 16, 20, 44, 55, 57, **58**, 75, 84, 85, 86.
WIRTZ Emile, décorateur (1884-1953) : 49.
WITTMANN Charles, peintre (1876-1953) : 59, 66, 91.
WITTMANN Ernest, sculpteur (1846-?) : 39, 56, *59*, **59**, 70, 76, 91.
WITTMANN Louis : 91.
WOLFF, sculpteur-décorateur : 129.
WRIGHT Frank Lloyd, architecte (1869-1959) : 100.

ZULOAGA Ignatio, peintre : 85.

Crédits photographiques

ADER-PICARD-TAJAN : couverture rabat gauche, 19, 22 (b.), 30 (h., d.).

BOULANGER Josette : 27, 35, 51, 53 (h. d.), 75, 89, 110, 120, 123, 125, 127, 129, 141, 142 (h.), 143, 144, 147, 149 (d.), 151, 152.

BUSSON Paul de : 153.

CHRISTIE'S : couverture, 30 (b.).

CAISSE NATIONALE DES MONUMENTS HISTORIQUES ET DES SITES, Longchampt, Delehaye : couverture rabat droit, 18, 20 (h.), 25, 32 (b.), 33, 50, 54 (h.), 116, 117, 118 (b.), 122 (b.), 124, 126 (b.), 128 (h.), 130, 131, 133, 134, 139, 145.

DEFOSSÉ Marc : 126 (h.).

DOUMIC Philippe R. : 31.

EXCELSIOR Groupe FLO : 36.

GÉRARDIN Julien : 34.

HUSSON Philippe : 14, 27 (d. h.g.), 53 (h.g.), 60, 61, 65 (h.), 67.

IMAGE : 11 (b.), 13, 17 (b.), 24 (h.), 28, 55, 72, 74 (h.).

INVENTAIRE : 38, 47.

MANGIN Gilbert : 4 de couverture, 7, 8, 11 (h.), 17 (h.), 20 (b.), 29, 30 (h.g.), 41, 54 (b.), 57, 59, 65 (b.), 69, 74 (b.), 80, 81, 88, 146.

MAISON DU VERRE ET DU CRISTAL - MEISENTHAL : 90 (b.).

MIGNOT Pierre : 9, 118, 119 (h.), 122 (h.), 128 (b.), 135, 136, 137, 138, 142 (b.), 148, 149 (g.).

MUSÉE D'ORSAY - R.M.N. : 97, 98.

CHAMPAGNES POMMERY : 105.

PRUD'HOMME BERNARD : 40 (h., g.).

MUSÉE DE REMIREMONT : 90 (h.).

achevé d'imprimer sur les presses de l'imprimerie bialec, 54000 nancy, en juin 1990

d.l. n° 26807 - 2ᵉ trim. 1990